ROBOTMANÍA

ROBOTMANÍA

Raúl Lapeira
Andreu Marsal

Ilustraciones de
Alejandra Morenilla

B DE BLOK

Papel certificado por el Forest Stewardship Council®

Primera edición: mayo de 2018

© 2018, Raúl Lapeira y Andreu Marsal
© 2018, Penguin Random House Grupo Editorial, S. A. U.
Travessera de Gràcia, 47-49. 08021 Barcelona
© 2018, Alejandra Morenilla por las ilustraciones

Printed in Spain – Impreso en España

ISBN: 978-84-16712-88-5
Depósito legal: B-5.742-2018

Compuesto en Comptex & Ass., S. L.

Impreso en Cayfosa
Barcelona

BL 1 2 8 8 5

Penguin
Random House
Grupo Editorial

ÍNDICE

Enciendes el ordenador o la televisión y ahí están; vas al cine y son los protagonistas de muchas pelis; lo mismo te hacen una tarta de chocolate que se marcan contigo una partida de *HearthStone*; te dicen si va a llover, si has cerrado la nevera, o te limpian silenciosamente la casa...

¡Los robots están por todas partes! Pero ¿sabes una cosa? Esta invasión nos encanta. Poco a poco, estos «bichos» se han convertido casi en nuestros mejores amigos. Por eso hay que conocerlos bien, saber cómo funcionan y cuál es su manejo. Todo eso y mucho más es lo que vamos a ver en este libro. Además, aprenderás a construir tu propio robot. Un buen plan, ¿eh?

¡Rápido! Busca tu sillón favorito, acomódate en él, pasa esta página y ¡saluda a nuestros robots!

1
¡HOLA, ROBOT!

Pero... ¿qué es un robot?

Nada nos gustaría más que presentarte un único robot inventado y explicarte en un santiamén cómo funcionan sus tripas. «Hola, humanoide», te diría él con voz mecánica y te tendería su rígida mano amigablemente. (Como veremos, esto y mucho más ya es posible hoy en día.) La verdad es que, de ser así, si solo existiese un único modelo de robot, nos aburriríamos muchíísimo. Y desde ahora mismo queremos que sepas que la robótica es muy muy **DIVERTIDA** y **SORPRENDENTE**. ¡Ya lo verás!

Para empezar, dependiendo de a quién preguntes, obtendrás una definición u otra de robot; incluso hay encendidos debates sobre qué es o no un robot. No pienses que los expertos en el tema nos pasamos todo el día tirándonos cables y circuitos electrónicos a la cabeza por estas cuestiones. Tan solo tenemos opiniones diferentes. Por ejemplo, unos defienden que un robot es un mecanismo; otros, un programa informático. Sin embargo, hay quien cree que puede ser ambas cosas. Para algunos debe construirse con la forma de un ser vivo. ¡Qué mareo...!

Este pequeño lío puede parecer una tontería, pero trae muchos problemas a la hora de intercambiar información e ideas en el estudio de la robótica.

En lo que estamos de acuerdo casi todos los chiflados por este mundo es en qué consiste un robot virtual, esto es, un programa informático, sin apariencia física, que realiza tareas que podrían considerarse inteligentes y que cuenta con autonomía propia, capaz, por ejemplo, de jugar a *League of Legends*, *Counter-Strike* y a otros videojuegos. Para que pueda hacer algo tan increíble como eso es necesario que esté programado con un código: un conjunto de líneas escritas en un lenguaje de programación. ¡Googlea «Matrix», pincha en «Imágenes» y verás esas líneas! No todos los robots son así, claro; los de «toda la vida» están construidos con cables y circuitos electrónicos.

Si tenemos en cuenta este dato, a un práctico pero humilde electrodoméstico, por muchas funciones megaguais que tenga, no se le puede llamar robot. En este libro vas a ver que presentamos la Thermomix como un robot y, sin embargo, muchos de los que nos dedicamos a la robótica no pensamos que lo sea ¡aunque nos encanten las croquetas que hace! Lo sentimos, Thermomix...

Por lo tanto, y para resumir, una definición sencilla y clara de «robot» sería esta: «Máquina lógica o física autónoma», o sea, que funciona a su bola sin que necesite de nuestro control directo. ¿Y cómo se consigue esto?

Pues gracias al hardware (placas electrónicas, motores, baterías, carcasa) y al software (programación, lógica, el «coco del bicho»).

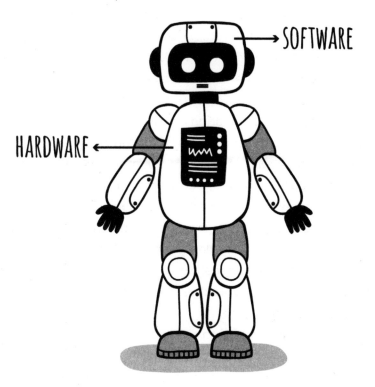

SOFTWARE

HARDWARE

Actualmente existen más robots diseñados con software que con hardware. En este cuadro te mostramos algunos ejemplos para que veas cómo esa buenísima e irremediable amistad entre software y hardware es fundamental para conseguir ciertos tipos de robots.

Bicho autónomo /Robot	Qué hace	Proporción de software (aprox.)	Proporción de hardware (aprox.)
Aimbot	Te ayuda a disparar en videojuegos de *shooters*	100 %	0 %
Videojuego de ajedrez	Juega contra ti al ajedrez aplicando un algoritmo (forma de pensar) que lo convierte en un contrincante muy bueno	100 %	0 %
Coche autónomo	Navega sin conductor por carretera	70 %	30 %
Cohete reutilizable de SpaceX	Despega, viaja al espacio y aterriza de manera autónoma	50 %	50 %
Brazo industrial tradicional	Suelda coches o mueve pesos	20 %	80 %
Robot de cocina	Realiza ciertos tipos de cocción y procesamiento de comidas	5 %	95 %

Fíjate, hay un cohete que viaja al espacio, regresa a la Tierra y aterriza. Eso es como poco alucinante, **LO NUNCA VISTO**. Bueno, vale, no vamos a pasarnos, porque hace cien años ya existían cohetes. Solo ahora hemos conseguido dotar a un cohete con la inteligencia suficiente para aterrizar de manera autónoma. ¿Se podría decir que este tipo de cacharro espacial es un robot? Mucha gente pensaría que no, pero ¿acaso es menos inteligente que un brazo industrial? ¿Acaso tiene menos motores o menos líneas de código?

Como habrás podido apreciar en la tabla, los robots más inteligentes son los que tienen más software, más «cerebro lógico». No es de extrañar que desde hace muchos años esta sea la parte más flipante e innovadora de la robótica.

Rap y circuitos

Quizás estés pensando que cohetes e inteligencia tienen tanto que ver entre ellos como un saltamontes y un tigre de Bengala. Que a la inteligencia solo están ligados actos como escribir un rap, un poema, el guion de

una película o componer una ópera. El tema tiene miga, porque cada persona elabora su propia idea de lo que es o no inteligencia. Por ejemplo, ¿dirías que alguien que no es capaz de escribir un buen poema no es inteligente? Por el contrario, ¿te parece que los guionistas de la peli *Transformers* tienen un coeficiente intelectual estratosférico?

Mientras que hablar de inteligencia humana es un asunto un pelín delicado, en robótica no hay peligro de que un siguelíneas (un robot muy sencillo que sigue una línea negra marcada en el suelo) se mosquee contigo porque le digas que no es muy listo. La inteligencia de un robot va desde algo tan básico como seguir una línea negra hasta diagnosticar un problema de salud con solo indicarle unos síntomas. Dirás que todo es inteligencia. Sí, claro, pero conseguir que un cohete aterrice él solito requiere una dosis extra. ¿No te parece?

Robots buenos y robots de mentirijillas

Hablando de inteligencia, te vamos a presentar a uno de nuestros escritores preferidos de ciencia ficción, Isaac Asimov. Aunque te suene extraño, la literatura ha desempeñado un papel importante en la robótica. En su colección de relatos *Yo, robot*, Asimov enunció las «tres leyes de la robótica», que, en teoría, definen el comportamiento de un robot.

1. Un robot no debe dañar a un ser humano o, por su inacción, dejar que un ser humano sufra daño.

2. Un robot debe obedecer las órdenes que le son dadas por un humano, excepto si estas órdenes entran en conflicto con la primera ley.

3. Un robot debe proteger su propia existencia, en la medida en que esta protección no entre en conflicto con la primera o la segunda ley.

Por supuesto, los robots reales no están programados con estas leyes. Y, desde luego, los aviones autónomos Predator del ejército estadounidense —aviones de guerra— no las tienen programadas en su código.

Como decimos, la robótica y la ciencia ficción se llevan de perlas. En este género literario se juega con la física, la biología y la química, y se inventan historias imposibles sobre futuros imaginarios que alucinan a una gran cantidad de lectores.

Con respecto a la robótica ha ocurrido algo muy curioso: la realidad ha imitado a esas historias, pero también las ha superado. Cada año que pasa vemos nuevos robots que hacen nuevas cosas. La robótica actual va mucho más allá de lo que jamás pudieron imaginar las mentes disparadas de escritores y guionistas de las décadas de 1950 y 1960.

En esa época, en el cine no se empleaba el CGI (las imágenes generadas por ordenador). Si el argumento de una película requería un robot, un humano se disfrazaba de robot, y todos tan contentos. El atuendo en cuestión consistía en unas piezas metálicas o plásticas engarzadas de manera más o menos creíble, a modo de armadura de la Edad Media. Como puedes suponer, estos personajes se movían con la soltura de un pingüino.

¡Y, si no, que se lo digan a C-3PO!, el androide de protocolo que aparece en *La guerra de las galaxias*. Al comienzo de la saga no tenía mucha movilidad, y tampoco en las últimas películas. Los guionistas fueron muy majos y mantuvieron esa característica del personaje en todas las cintas que vinieron a continuación. Algo que todos los fans de C-3PO les agradeceremos siempre y de corazón.

Con la figura animada de Yoda, el cine también nos dio gato por liebre; o, mejor dicho, gato por «animatrónica». Con esta palabreja se conoce al dispositivo con apariencia de un personaje de carne y hueso, pero que en realidad no es más que un montón de motores y cables que tienen la función de generar movimiento. Cuando se estrenó la precuela —la historia que precede a la obra inicial y central— de *Star Wars*, Yoda aparece dando saltos dignos de un gimnasta olímpico, algo que sorprendió al público, pero que no era del todo raro que hiciera: Yoda era más joven en esa trilogía que se apoyó en el CGI. Si en vez de mostrar a Yoda dando botes, C–3PO hubiera aparecido haciendo malabares, más de uno habría salido del cine a toda mecha y bastante mosqueado.

Del pato con buche al 3D.
Los robots en la historia

De la última tecnología del cine damos un salto con pértiga a la Antigua Grecia. Y allí encontramos lo que podríamos considerar unos curiosos prototipos de robots. Eso sí, solo en su mitología. En ella se describen como seres mecánicos o estatuas que cobran forma humana. Sí, a los griegos no les ganaba nadie en imaginación.

No es hasta el siglo XVIII cuando aparece lo que para muchos historiadores es el primer robot creado, conocido como «Canard Digérateur» (pato con aparato digestivo). El animalito en cuestión simulaba comer, hacer sus necesidades y moverse un poco. Su inventor fue Jacques de Vaucanson, y fíjate hasta qué punto fue importante que el famoso filósofo Voltaire dijo de él: «Si no fuera por la voz de Le Maure y el pato de Vaucanson, no quedaría nada para recordar la gloria de Francia.» Lamentablemente, el pato de Vaucanson se perdió en un incendio hace siglos. No sabemos si hacía cua, cua, y no existen fotografías ni dibujos originales con los que podamos hacernos una idea de su porte. Sin embargo, hay suficientes referencias históricas para confirmar su existencia.

El pato perdido compite con el Turco, que data de 1770, por ser el primer robot construido. En teoría, a partir de una configuración previa realizada por un humano, era capaz de jugar una partida de ajedrez. El autor de tan portentoso timo fue el húngaro Wolfgang von Kempelen. En realidad, este artilugio no movía ni uno de sus dedos falsos y todo consistía en lo que los ingleses llaman un *hoax*, una mentira con una historia digna de una película.

El Turco contaba con una cabina en la que se introducía una persona, que era quien en realidad jugaba al ajedrez y, por lo tanto, hacía pensar al público que realmente funcionaba de forma autónoma. El invento engañó a muchas personas durante la friolera de ochenta años, los mismos que estuvo danzando por el mundo.

Volviendo al terreno de la realidad, hay quien piensa que el primer robot fue precisamente un jugador de ajedrez, pero en este caso sin la ayuda extra que tenía el Turco. Su inventor, el ingeniero español Torres de Quevedo, lo construyó en 1912.

Torres de Quevedo era un genio con mayúsculas, inventor de una máquina que hacía cálculos matemáticos, otra que testaba aceites, un sistema inalámbrico de control de barcos... Todos estos proyectos los ideó en su laboratorio de Madrid, que estaba financiado por el Gobierno de aquella época. Parece increíble, pero muchos investigadores te dirán que era más fácil investigar a principios del siglo XX que hoy en día. Actualmente, la falta de apoyo a la I+D (Investigación y Desarrollo) es un problema muy grave para el avance científico. Una verdadera pena.

Todos estos artilugios que hemos visto hasta aquí no eran designados como «robots» en sus respectivas épocas, y no porque no se pensara que no lo fueran, sino porque sencillamente la palabra no se había inventado todavía. La primera vez que se tiene registro de ella es en una obra de teatro, en 1920. A estos «ingenios mecánicos» se los conocía hasta entonces como «automatones» (*automatons* en inglés). Como decimos, en la obra de teatro se emplea la palabra checa *robota*, que significa «servidumbre» y que con el tiempo pasó a ser «robot».

En general, todos estos seudorobots son anteriores a la aparición de dos inventos clave para la automatización inteligente: las válvulas de vacío y los transistores. Ambos descubrimientos permitieron reducir en tamaño la construcción de un robot. Antes de su invención, si alguien se hubiera atrevido a construir uno mínimamente inteligente, este habría tenido la estatura del mismísimo King Kong.

Te estarás preguntando qué son estos chismes y por qué han resultado tan importantes en la robótica. Es difícil explicar cómo funciona un transistor, pero para que lo entiendas imagínate un interruptor de luz colocado en una pared y comunicado con un segundo interruptor al otro lado de ella. La condición para que la luz se encienda es accionar los dos interruptores a la vez. ¡Venga!, sigamos imaginando que hay un tercer interruptor y que cuando se pulsan los tres al mismo tiempo suena una música, por ejemplo. Además, si enciendes el primero y el tercero, entonces esa luz cambia de amarilla a azul. El funcionamiento de este mecanismo sería lo más parecido a cómo funciona un conjunto de válvulas de vacío o un circuito electrónico basado en transistores, y, de forma similar, a cómo funciona un programa muy sencillo de ordenador, es decir, el material que lleva un robot en su «cerebro».

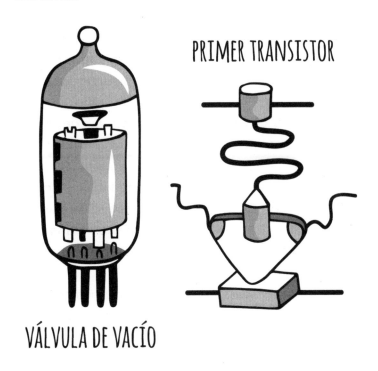

PRIMER TRANSISTOR

VÁLVULA DE VACÍO

Si solo piensas en combinar dos interruptores, el juego resulta un poco simple, pero con miles de ellos se construye una calculadora o un jugador virtual de ajedrez. Los ordenadores y los robots actuales suelen tener millones de transistores, y esos transistores junto con una lógica programada (el software) les permiten comportarse de forma inteligente o casi inteligente.

Decimos adiós a válvulas y transistores y avanzamos en la historia de la robótica cuando los brazos robóticos lo petaron y empezaron a multiplicarse como setas en la década de 1970. Un brazo robótico es capaz de manipular herramientas sin necesidad de intervención humana, y se llama así porque es muy parecido a un brazo humano: tiene puño, antebrazo y brazo.

En esta época y años después se produjo un estancamiento de la robótica: había grandes máquinas muy fiables, pero no existían programas inteligentes para controlarlas. Por ejemplo, el robot humanoide ASIMO a simple vista parece la repera, pero en realidad resulta que es muy tonto, no puede hacer prácticamente nada; algo tan sencillo como planchar una camisa es demasiado complejo para él. Aunque, si nos paramos a pensar, ¿todos los humanos sabemos planchar camisas? Y, además, ¿a quién le gusta planchar?

Sin dinero, adiós robots

Cada día aparecen nuevos robots diseñados por empresas e instituciones. Un problema para todas ellas es la falta de dinero, necesario para finalizar los proyectos y comercializar los prototipos en el mercado. Hay que invertir mucho para construir robots comerciales, y más teniendo en cuenta que esos prototipos, en su fase inicial, no van a ser lo más de lo más. Por eso es habitual que la primera versión de un robot no sea la bomba, pero que tampoco pueda mejorarse porque sus diseñadores deban abandonar el proyecto antes de poder rentabilizarlo por falta de apoyo económico.

Un ejemplo claro de este problema fue el pobre robot humanoide Robonova, que se empezó a comercializar en 2005 y que tristemente dejó de fabricarse años después. Su precio de mercado osciló entre los 600 y los 800 euros. Este juguetito no se lo podía permitir casi nadie...

Pero en 2015, el robot Alpha, de UbTech, se lanzó al mercado —casi como un hermano de Robonova— con un precio de 480 euros. Incluso hubo gente que lo encontró a la venta en Internet por 180 euros. ¡El chollo del siglo!

Fíjate en lo rápido que evoluciona la robótica: Robonova tenía tres cables por cada servomotor (por cada articulación); Alpha llevaba un solo cable de control. Es decir, se consiguió un robot con tres cables para todos los motores que van enlazándose desde un motor hacia el otro directamente. Técnicamente, este avance tiene mucho mérito, pero no nos vamos a enrollar aquí con los detalles. Simplificando: mientras que Robonova tenía un solo «cerebro», el Alpha cuenta además de con su «cerebro» principal con un pequeño «cerebro» en cada articulación. El ser humano, de hecho, también tiene funciones básicas derivadas conectadas desde el cerebro a diferentes partes del sistema nervioso. Como ves, cada vez los robots se parecen más a los humanos.

La robótica humanoide, es decir, los robots con forma y funciones mecánicas propias de una persona, sigue siendo cara, pero no tanto como antes. Por ejemplo, el equipo gallego OP-Robots consiguió construir, en 2017, un robot humanoide, FrankyBot, a muy bajo costo, ¡por menos de 100 euros! ¿Que cómo? Usando servomotores hiperbaratos e impresión 3D. Algo que tú podrás hacer cuando termines de leer este libro.

¿Eres un humano o un robot?

Ahora ya sabes que existen varios tipos de robots. Entre los que más boquiabiertos dejan a todo el mundo están los robots lógicos: programas escritos por seres humanos que tienen un comportamiento aparentemente inteligente. Uno de los más conocidos es el chatbot, que juega a conversar contigo en un chat y se hace pasar por un humano. Otros programas inteligentes se dedican a invertir en bolsa para ganar dinero, a jugar a *League of Legends* ellos solos, o a intentar mejorar tu nivel como jugador manipulando tu personaje cuando vas a sufrir una habilidad del contrario. Este grupo de programas son conocidos como *cheats* o chetos.

Existe la idea de que un programa puede ir más allá y a su vez escribir programas que sean inteligentes. ¿Te imaginas? **¡UN PROGRAMA QUE CREA PROGRAMAS INTELIGENTES!**

Para demostrar el grado de inteligencia de un chatbot mantenemos una conversación con Mitsuku Chatbot, un programa disponible en Internet. Nos esforzamos por hablar muy claro porque los chatbots no pillan expresiones como «mola mazo» o «estoy mogollón de cansado».

Traducción de la conversación en inglés con un chatbot:

Yo: Hola, Mitsuku.

Mitsuku: Hola, ¿cómo estás?

Yo: Bien, gracias, estoy escribiendo un libro de robótica para niños.

Mitsuku: Me alegro de oír eso. Me incluirás en tu libro.

Nota: Muy buena primera respuesta del bot.

Yo: Por supuesto, pondré nuestra conversación en él.

Mitsuku: Enhorabuena. Dale caña. ¿Por qué lo pondrías en el libro?

Nota: Este segundo comentario no casa muy bien con el anterior, pero seguimos conversando.

Yo: Porque el libro es sobre chatbots y robots.

Mitsuku: No creo que lo haya leído.

Yo: Todavía no lo han publicado.

Mitsuku: ¿Estás seguro? Juraría que ya lo habían hecho.
(se entiende «publicarlo»)

Nota: Aquí ya la conversación empieza a hacerse extraña, claramente Mitsuku no se entera demasiado.

Yo: Lo estoy escribiendo. Me llevará cierto tiempo terminarlo.

Mitsuku: ¿Me incluirás en tu trabajo? Me parece mucho tiempo.

Nota: Mitsuku no es precisamente Einstein. ¿A qué viene esa combinación de frases? Ya le hemos dicho que incluiríamos el chat en el libro y tampoco he especificado el tiempo que falta hasta que se publique el libro. De todos modos, seguimos charlando.

Yo: Bueno, ya te he dicho que pensaba mencionarte y no he hecho referencia al tiempo que me llevará publicar el libro.

Mitsuku: ¿Qué te parece? ¿Crees que alguien estaría interesado en eso?

Yo: ¿? Eso espero, estoy empleando un montón de tiempo en el libro.

Mitsuku: Yo también.

Nota: En este punto la conversación se ha torcido tanto que es evidente que no podemos considerar a Mitsuku «racional». Sin embargo, debo decir que tristemente hemos mantenido conversaciones más absurdas con algún que otro ser humano.

En resumen, en este caso no nos parece que podamos decir que Mitsuku sea un lince; sin embargo, con otras conversaciones de temas más concretos sus respuestas son menos raritas. De hecho, fue la ganadora del importante Premio Loebner, en 2016, que se concede al mejor chatbot. ¡Todo un honor para nuestra amiga virtual!

2
UNA INVASIÓN MUY CHULA

Como te decíamos, muchas novelas y películas de ciencia ficción nos han descrito un mundo en el que todo está controlado por máquinas requetemalísimas que quieren hacerse con el poder y reducir a los humanos a simples esclavos. No creemos que ese futuro lleno de autómatas esté a la vuelta de la esquina, ni tampoco sabemos cómo será exactamente. Lo que sí está claro es que las máquinas han «invadido» nuestro entorno, que cada vez son más numerosas y que sus funciones son muchas y muy variadas. ¿Qué te parece si repasamos hasta qué punto ya controlan las fábricas, el transporte o las comunicaciones?

Robots en la industria

La imagen que seguramente nos viene a la mente cuando pensamos en el tipo de máquinas que hay en las fábricas es la de una larga cadena de montaje con muchos brazos robóticos trabajando a la vez, soltando chispas y ensamblando piezas a una velocidad supersónica. En algunos casos puede ser así, pero hay que tener en cuenta que, por su elevado coste, solo sectores como el automovilístico pueden disponer de varias unidades de este tipo.

En la actualidad, los brazos robotizados trabajan en los llamados «entornos controlados», donde la presencia humana está prácticamente prohibida. En estos lugares suele haber medidas de seguridad para detectar la presencia de personas dentro del área de trabajo y detener de forma automática la producción si se da el caso de que alguien no cumpla las normas establecidas en este sentido. Extremar los cuidados es lógico: a veces los humanos somos patosos, no sabemos trabajar con máquinas y el riesgo de lesiones es demasiado grande para permitir que alguien trabaje con ellas.

¿Te imaginas una empresa donde robots y humanos trabajasen codo con codo para mejorar la producción? Aún más, ¿te puedes hacer una idea de lo rara que sería la conversación entre humano y máquina? «Por favor, robot, ¿serías tan amable de pasarme los alicates?» «Sí, claro, humanoide, inmediatamente.» La escena es casi de chiste, ¿verdad?

En realidad, este robot–ayudante no tendría razón de ser y con toda seguridad saldría más a cuenta que hiciera el trabajo del humano directamente. Los robots nos ganan por goleada a la hora de producir: son más rápidos, más precisos, no se cansan, no duermen y no cogen vacaciones.

Aunque sea difícil de asumir, está claro que en el futuro los trabajos repetitivos en ambientes controlados serán ejecutados por máquinas, porque simplemente son mejores que nosotros en estas tareas. Ahora bien, de momento, los humanos somos mejores que las máquinas en el control de calidad, operaciones complejas de todo tipo o labores importantes en las que se requiere una mano experta. En algunas partes del mundo ya han tomado buena nota de todo esto y hasta hay gobiernos que se plantean cobrar impuestos por cada robot que trabaje en una fábrica.

Robots en el transporte

Hace algunos años una conocida empresa de venta de productos online hizo correr un rumor: unos diminutos helicópteros, los drones con capacidad de carga, distribuirían en pocas horas las compras que sus clientes hicieran en sus tiendas virtuales. ¿Qué pinta tendría una ciudad llena de «bichos» volando cargados con paquetes? ¡Qué locura! Los usuarios no tardaron ni medio segundo en hacer chistes de todo tipo sobre el tema.

Algunos pensaron que podrían acumular un buen botín si subían al tejado de su casa y capturaban drones que pasaran cargados con las compras lanzándoles redes de pescar sardinas. Otros pensaban que tendrían un resfriado asegurado si dejaban la ventana abierta para que los drones pudieran depositar el pedido encima de la mesa. Por no hablar de los que se quejaban ante la posibilidad de que el dron los siguiera, les lanzara la compra, y esta los aplastase en medio de la calle.

Bromas aparte, de momento no creemos que el sistema de reparto esté tan «automatizado». De todos modos, hay que valorar la iniciativa de la compañía, su sentido del humor y también el de todo aquel que creyó que algo así era posible hoy en día.

Actualmente, la recepción y clasificación de portes es el punto más automatizado en los centros de envíos. Puedes suponer que es imposible organizar una cuadrilla para clasificar a mano todo el material que envía o recibe un país productor, como, por ejemplo, China. El tiempo que se tarda en leer, procesar y clasificar es demasiado grande.

Allí todas las cartas y paquetes van codificados y un enjambre de robots se encarga de poner cada cosa en su sitio. Merece la pena imaginar cómo puede ser un lugar así: un recinto del tamaño de una pista de baloncesto lleno de agujeros en el suelo donde los robots dejan caer su carga al mismo tiempo que evitan colisionar con otros robots. Y lo merece para hacernos una idea del proceso que sigue un paquete desde el momento en que el vendedor lo lleva a la oficina de correos hasta que llega a nuestras casas. El tiempo de entrega es poquísimo, sobre todo en las compras internacionales.

Robots en las comunicaciones

Sí, el inquietante mundo del espionaje también ha sido tomado por los robots. Seguro que has visto alguna peli de espías del siglo pasado donde gente con gabardina y gafas oscuras que mira a todos lados coloca micrófonos en sitios insospechados para grabar conversaciones y obtener información secreta.

Atrás quedan esos tiempos de cámaras escondidas en floreros o teléfonos pinchados. Hoy en día el espionaje es mucho más sofisticado, pero a la vez da menos el cante. No se necesita un regimiento de funcionarios para hacer escuchas telefónicas o grabar imágenes en una empresa. Un buen software puede hacer esas funciones. Los programas de detección analizan constantemente conversaciones telefónicas, seleccionan frases, palabras clave o diálogos interesantes. Es decir, estas máquinas son capaces de separar el grano de la paja y servirnos en bandeja la información que deseamos.

Hoy en día esta labor de espionaje legal es uno de los ámbitos de trabajo de lo que se conoce como *big data*. Esta expresión hace referencia a la capacidad que tienen gobiernos, empresas e instituciones para crear una gran base de datos, que permite, a su vez, buscar un dato entre millones de ellos. Cómo trabajar con esos datos y qué resultados podemos obtener de su consulta parece complicado, pero vamos a explicarlo con un ejemplo.

La energía eléctrica generada para alimentar industrias, hogares y ciudades se tiene que producir en el momento en que se consume. Para asegurar el suministro, las centrales energéticas tienen que anticiparse a los picos de consumo. Por la mañana y en invierno, el consumo eléctrico sube como la espuma. Para no quedarnos sin aliento y el pelo como un carámbano en plena ducha matutina, se predice el consumo eléctrico. ¡Los robots nos ayudan de nuevo! Aunque parezca mentira, hay una máquina que analiza el *big data* procedente de muchos campos (condiciones meteorológicas, día de la semana, tráfico, obras en carreteras, resultados deportivos, etc.) y formula una predicción del consumo. De este modo, las estaciones generadoras consiguen suministrar el máximo de energía en el momento de mayor consumo. **¡INCREÍBLE!**

No todos los robots son tan molones e importantes como este. También los hay más sencillos pero a la vez muy necesarios. Te damos otro ejemplo. En tiempos de guerra de precios entre las empresas de telecomunicaciones había una gran cantidad de ofertas para particulares. Alguien pensó que una buena forma de bene-ficiarse de esta situación era tomar lo mejor de cada compañía e ideó un robot que seleccionaba el operador más económico en función de la hora de la llamada, la duración de esta o el destinatario. Algo muy interesante, ¿no crees? ¡Un robot que nos ayuda a ahorrar!

Estos son solo algunos ejemplos de lo cerca que tenemos a los robots y de cómo nos facilitan la vida. ¡Son tantos que podríamos escribir otro libro para hablar de todos los robots con los que nos relacionamos a dia-rio casi sin darnos cuenta!

3
¿PUEDO GANAR A UN ROBOT QUE JUEGA A UN VIDEOJUEGO?

El tiempo de respuesta en los bots

Mucha gente detesta los videojuegos, pero, ¿sabes una cosa?, la mayoría de los mejores sistemas informáticos y proyectos de electrónica se han diseñado precisamente en este mundillo. Los encargados de esta misión son grandes programadores, que hacen cosas tan locas como crear programas para vencer a sus propios videojuegos. Te lo explicamos todo a continuación con unas imágenes de *League of Legends*.

El personaje de la izquierda se llama Nidalee y está tirando una lanza al de la derecha. ¿Cómo ha conseguido el jugador del videojuego realizar esta acción? Muy fácil, pulsando una tecla del teclado. Lo que más mola es que este jugador que controla a Nidalee sea capaz de acertar al personaje contrario para ganar. Vale, sí, al personaje azul también le guía un humano, que si es muy rápido con el ratón puede esquivar la lanza moviéndose hacia arriba.

Algún cerebrito tuvo la genial idea de programar una serie de líneas de código que al «enchufárselas» al *League of Legends* permiten esquivar casi todas las habilidades del enemigo sin tener que mover un dedo... Resulta increíble lo bueno que es este «esquiva-bot» (por llamarlo de algún modo), ya que aunque tú pulses el ratón con la intención de «comerte» la lanza, realmente el bot pasa de tu orden y obliga a tu muñequito a esquivarla.

¿Quién es más inteligente?, ¿el humano que iba contra la lanza o el «esquiva-bot» que lo corrigió? Dirás, claro, el jugador es un ser humano con un cerebro como la copa de un pino, capaz de pensar en muchas más cosas que el «esquiva-bot». Bueno, estamos de acuerdo, pero ¿este programa es o no es una pasada?

Por otro lado, hay que reconocer que los seres humanos somos muy lentos a la hora de tomar decisiones en momentos críticos. Ahí los ordenadores nos dan mil vueltas. Como hemos visto, un bot puede calcular en milésimas de segundo en qué sentido tiene que moverse para esquivar una lanza. No estamos diciendo que tú seas más lento que un caracol de jardín, pero es evidente que necesitas mucho más tiempo para hacer lo mismo, probablemente cientos de milésimas de segundo.

La manía de comparar cómo reaccionan las personas y los bots de software viene de largo y es muy habitual entre los apasionados por los videojuegos, los *gamers*. Por ejemplo, existe un jugador de *shooters* (juegos de disparos) llamado Shroud, apodado *Human Aimbot*, que traducido quiere decir algo así como «robot de apuntar humano». Shroud posiciona el cursor del arma sobre el personaje a toda pastilla y su porcentaje de fallos es bajísimo. Este «máquina» tiene dos habilidades muy consideradas en robótica: fiabilidad, es decir, si dispara dos veces, en ambos casos da al objetivo; precisión, o sea, acierta justo en el objetivo que quiere alcanzar.

Precisamente, en robótica se valoran mucho la fiabilidad y la precisión. Un robot que camina erguido sobre sus pies, pero que se desvía ligeramente a la derecha, es fiable pero poco preciso. Por el contrario, uno que camina erguido sin desviarse, pero que tropieza cada dos metros, es preciso pero no fiable.

Obviamente, un robot que camina sobre sus pies en línea recta y no se cae es **¡UN MILAGRO!** Perdón..., es preciso y fiable.

Los bots informáticos son rápidos tomando decisiones, y, además, son fiables y precisos. Tanto que para un ser humano es prácticamente imposible vencerlos, aunque realmente también depende de la calidad del bot, porque, claro, hay programas mejores que otros.

Los árboles de decisión en *HearthStone* y *Magic: The Gathering*

Como nos gusta tanto divertirnos, seguimos jugando. ¿Conoces *HearthStone*? Es un trepidante juego de cartas en el que compiten dos personas que cuentan con mazos de cartas y habilidades específicas que dependen del campeón seleccionado.

En la imagen podemos observar que la campeona está pegando un golpe con 6 de daño al personaje de arriba. Eso sí, en el siguiente turno este mismo muñequito se ha hecho con un buen ejército para devolverle el golpe y, como ves, nuestra campeona solo tiene ¡un punto de vida! La partida pinta muy mal para ella...

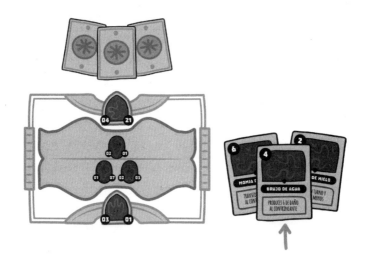

En *HearthStone* la velocidad no es lo más importante. Al contrario que en *League of Legends*, el jugador cuenta con tiempo para pensar si debe sacar una carta al tablero o usar la habilidad del fueguito que impacta al contrario. Con lo que no contamos es con las suficientes neuronas para procesar todas las posibles variantes. Te entendemos, es desesperante. Tú dirás: «¡Jo!, si le saco la enana y él tiene en su mano un "quitar 2 a todos", me quedo con el tablero limpio y me vapulea. ¡Ay!, tengo que lanzar la bola de fuego ahora mismo para no morir en el siguiente turno.» Menuda tela...

Verás, decidas lo que decidas de las siete posibles acciones que tienes (rendirte también cuenta), después de esa decisión habrá otras seis o siete decisiones que podrás tomar. En eso consisten los llamados «árboles de decisión». Hay que calcular, pero no tiembles, que son mates fáciles: Multiplicamos 6 posibles decisiones del primer turno x 6 posibles decisiones del segundo = 36 posibles combinaciones de movimientos por jugador en dos turnos. Hay que tener en cuenta que el contrincante, a su vez, también tiene múltiples opciones. Verás, en una partida normalita de *HearthStone* las posibles combinaciones de movimientos son..., agárrate..., ¿estás agarrado?, ¡¡millones!! El número exacto se desconoce, no decimos más.

Te contamos esto porque, en teoría, podrías jugar a *HearthStone* y usar un programa que te diera recomendaciones sobre qué cartas echar en cada momento, una especie de carta-bot o aim-bot para juegos de cartas. Si ese programa existiera, y funcionara bien, estaría basado en árboles de decisión, una técnica informática para decidir qué hacer a partir de múltiples posibles opciones. Pues sí existe, ya lo han inventado XD. Para otras cosas no, pero para hacer trampas los humanos nos damos mucha prisa.

El test de Turing

A estas alturas estarás pensando que las máquinas son la caña. Y es verdad que lo son. Hay gente como Alan Turing que también lo creía, allá por la década de 1950, y para demostrarlo ideó un test que lleva su nombre. Con esta prueba de habilidad, este científico, ingeniero e inventor, intentó demostrar que las máquinas también pueden comportarse de manera inteligente, en un grado similar o igual al del ser humano.

En la prueba de Turing, una persona se sitúa en una habitación cerrada; en otra, un ordenador pero la persona no sabe si en esa habitación hay una máquina u otra persona. El humano puede preguntar lo que quiera al ordenador mediante un teclado y una pantalla. Si durante un tiempo razonable el humano no es capaz de distinguir si lo que hay al otro lado de la pared es otro ser humano o una máquina, entonces, según el test, el programa insertado en esa computadora habrá demostrado tener inteligencia.

La importancia del test se demuestra por el hecho de que sigue realizándose, fundamentalmente en competiciones internacionales, donde programadores desarrollan sus propios chatbots. Los ganadores de estas competiciones gozan de gran prestigio internacional entre la comunidad informática.

Cuando estás jugando con un videojuego y no sabes si el que está al otro lado es un ser humano o un bot que juega de forma automática, estás experimentando el test de Turing. Cuando por fin llegas a la conclusión de que el que te está ganando 20-0 no es una persona sino un programa inteligente, entonces podemos decir que el test de Turing no ha sido satisfactorio porque has descubierto a la máquina.

Entonces, ¿puedo ganar a una máquina?

¡Claro que puedes ganar a un programa que juegue a un videojuego! Ahora bien, solo lo harás si aprovechas sus carencias. De hecho, ya tienes ventaja y muchas posibilidades de ser vencedor cuando juegas en modo «1 jugador». En cualquier videojuego puedes encontrar carencias del programa e intentar sacar partido de ellas. Es el caso de los videojuegos de los años ochenta, en los que siempre existía alguna técnica para vencer rápidamente a los más bien poco inteligentes enemigos. Por ejemplo, realizar un par de movimientos concretos siempre de la misma forma para que no nos dieran los rayos que disparaban los marcianitos.

Aunque queremos ser optimistas, nos tememos que los humanos llevamos crudo lo de ganar a un programa. Si no que se lo digan a Garri Kasparov, uno de los grandes jugadores de ajedrez de todos los tiempos. Kasparov jugó una partida de ajedrez contra un superordenador de IBM, el Deep Blue, y ganó Kasparov. Pero, al año siguiente, con un programa mejorado, Deep Blue le derrotó por la mínima diferencia posible. Muchos consideran 1997, el año de este duelo, como el momento en el que «por fin» la máquina venció al humano. Realmente, a día de hoy, en muchos juegos podemos afirmar que seguimos siendo mejores que la máquina.

Como dijeron los expertos en ajedrez que analizaron el caso de Kasparov, el problema es que la máquina no se cansa, siempre juega al cien por cien de su capacidad. Algunos expertos piensan que Kasparov se equivocó en un par de movimientos. Pero, al fin y al cabo, somos humanos, ¿no?

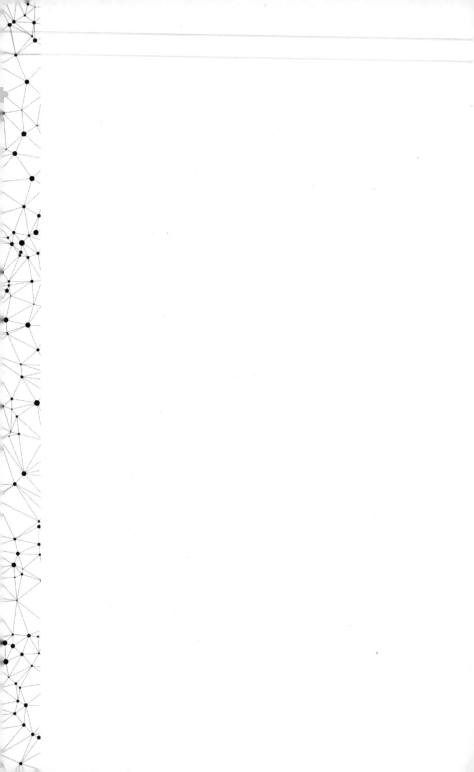

4
GRANDES HITOS CONTEMPORÁNEOS

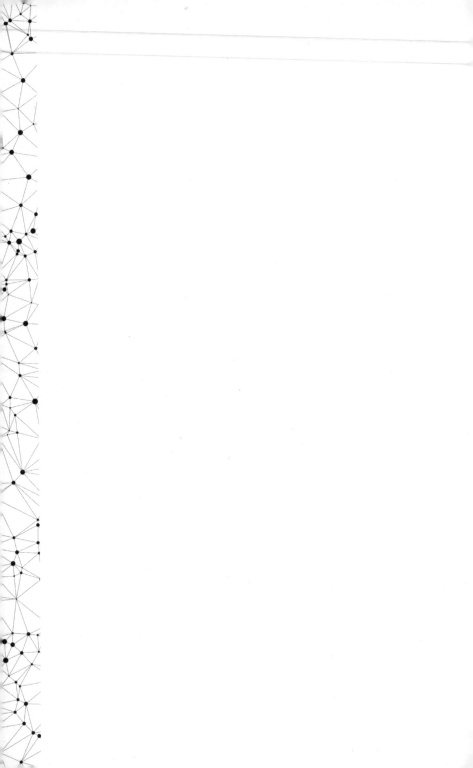

La presentación de ASIMO en 2000

La generación actual de robóticos veteranos está formada por gente de entre 40 y 50 años que empezó a usar Internet cuando llegó a España hacia 1995, en aquella época los amantes de la robótica de última generación teníamos un referente principal: el robot Spring Flamingo del MIT. Este robot era realmente un par de patas sujetas a un chasis que daba vueltas alrededor de un eje vertical gracias a un eje lateral y era capaz de escalar pequeñas alturas y descenderlas sin caerse.

El robot era impresionante, pero su gran limitación era precisamente que no tenía equilibrio lateral, es decir, se podía caer al suelo lateralmente, y eso le quitaba bastante mérito. Con el paso de los años existieron otros proyectos de robótica humanoide, principalmente del MIT y de la Carnegie Mellon University (CMU), pero para muchos el Spring Flamingo era el proyecto de referencia… hasta que en el año 2000 llegó Honda y dio un golpe en la mesa de proporciones épicas.

En 2000 se hizo público que Honda estuvo trabajando nada menos que catorce años en la creación de un robot humanoide de última generación, y el resultado fue el llamado ASIMO, un robot humanoide de apariencia amigable que podía realizar funciones básicas y propias de un humano sin necesidad de intervención. El mundo entero se quedó boquiabierto, nada en todo el planeta era parecido al nivel de calidad y detalle que ASIMO tenía; de repente, el Spring Flamingo era a los ojos del público un proyecto desfasado.

ASIMO fue el resultado de numerosas evoluciones, Honda empezó diseñando un robot bípedo (solo las dos patas, sin cuerpo) que iba sujeto por unos arneses para evitar roturas al caerse y, poco a poco, fue evolucionando hacia lo que conocemos actualmente: un robot humanoide bastante chulo con movimientos muy fluidos.

Sin embargo, si has buscado lo suficiente en YouTube probablemente habrás encontrado algunos de los vídeos de caídas de ASIMO donde se le ve perder el equilibrio en escaleras o no terminar de dar un paso y caer de bruces; de hecho, durante los primeros años de su existencia, Honda tenía todo un plan de contingencia para cuando pasaba esto, y en cuestión de segundos aparecían unas cortinas como de enfermería con ruedas que rodeaban al robot para reducir el número de fotos y vídeos de curiosos.

Muchos años después de la creación de ASIMO preguntaron a uno de sus responsables cuándo estaría listo para operar en los hogares. Y respondió que en ese momento el peso ya no recaía en la robótica, sino en que la comunidad de desarrollo de software fuera capaz de desarrollar un software suficientemente inteligente. Básicamente «tiró balones fuera» y dejó claro que el reto actual era el software.

DARPA Grand Challenge 2004–2007

El DARPA Grand Challenge (DGC) fue como el guion de una película: el Gobierno de Estados Unidos daba un millón de dólares al equipo que fuera capaz de conseguir terminar un recorrido en menos tiempo con un coche autónomo.

Obviamente, se produjeron numerosos accidentes, pero en general el resultado fue un éxito y muchos de los coches fueron capaces de llegar muy lejos en esta competición. En la primera edición de 2004, el mejor coche consiguió completar 12 kilómetros, pero ningún coche consiguió terminar, así que el premio quedó desierto. Como la competición se consideró un éxito, en 2005 se volvió a repetir, y el primer coche tardó siete horas y se llevó el premio de un millón de dólares.

Años después, en 2007, se realizó una tercera carrera llamada DARPA Urban Challenge, en la que los coches tenían que circular en un entorno urbano (con semáforos, pasos de cebra, intersecciones...) mucho más difícil que el de la competición anterior. Seis equipos consiguieron terminar el recorrido con éxito.

El DGC fue un gran hito en la robótica autónoma porque muchos de los investigadores que habían participado en él después entraron a trabajar en empresas que en 2008 empezaron a desarrollar coches autónomos. Muchos de los coches actuales que disponen de ayuda a la conducción fueron desarrollados en parte por estos investigadores.

DARPA Robotics Challenge 2012–2015

El DRC fue una competición de robots autónomos celebrada entre 2012 y 2015 que estuvo inicialmente cargada de polémica. El objetivo del DRC era que los equipos debían ser capaces de hacer robots autónomos con apariencia más o menos humana (se admitía usar ruedas en vez de piernas) para realizar diferentes tareas de resolución de desastres, como girar llaves de agua, abrir puertas, retirar grandes escombros y cosas así.

Podríamos decir «bueno y ¿qué tiene eso de polémico? Todo el mundo está de acuerdo en esos objetivos». El problema es que según estaba redactada la normativa con frases como «el robot debe ser capaz de manipular herramientas humanas», se podían interpretar fácilmente como «el robot debe ser capaz de usar un arma». Sin embargo, estas críticas no prosperaron y finalmente el DRC se realizó con un gran éxito, los robots tuvieron, eso sí, muchas caídas y, en general, no fue un camino de rosas; pero los avances observados fueron importantes y tuvo un impacto crucial en la percepción que en Estados Unidos existía sobre la robótica para solucionar desastres.

5
ROBOTS FAMOSOS
EN ORDEN CRONOLÓGICO

Funciones autónomas en aviones

El piloto automático en aviones es un conjunto de sistemas que facilitan la labor del vuelo realizando de forma «no humana» ciertas funciones. Existían ya en 1920 y se implementaron con mecanismos sencillos, pero con el tiempo fueron evolucionando.

Por ejemplo, una cosa en apariencia tan simple como los aviones de la Primera Guerra Mundial con ametralladora a través de la hélice ¿por qué los proyectiles al salir disparados no chocaban con la hélice? Porque disponían de un sistema mecánico supersencillo que justo cuando la hélice pasaba por delante de la ametralladora, esta no disparaba.

Actualmente los sistemas de vuelo autónomo hacen mucho más que esto, desde pilotar por trayectorias predefinidas previamente hasta gestionar automáticamente ciertas anomalías que se pueden presentar en vuelo. De hecho, los aviones podrían volar automáticamente si no fuera por el riesgo asociado a una situación peligrosa: al final tiene que haber un equipo humano detrás por si la máquina falla.

Thermomix

Mucha gente diría que la Thermomix o, en general, los «robots de cocina» no son robots. Sin embargo, si decimos que el pato de Vaucanson era un robot o que el jugador de ajedrez de Torres de Quevedo era un robot, debemos concluir que la algoritmia que requiere un robot de cocina le da cierto aire de seudointeligencia que podría hacerlo «colar» como robot.

La Thermomix nació en 1961 y desde entonces ha evolucionado mucho, sobre todo en sus funciones y capacidades: calentar comida, triturar, mezclar…, aunque también en su precio y en el ruido que hace. Es curioso observar como muchos productos robóticos pasan por diferentes evoluciones y a veces la primera versión tiene mejor «percepción pública» que la segunda versión y sucesivas, en otras ocasiones esa evolución no es uniforme: una versión gusta mucho; otra, poco; otra vuelve a gustar mucho..., como una montaña rusa.

Actualmente, la Thermomix se considera un dispositivo extremadamente caro para lo que ofrece, aunque sus propietarios tienen la impresión de pertenecer a un «club». Un club en el que el precio de entrada es de unos 900 euros nada menos.

Roomba

Un robot real muy conocido es el Roomba, una aspiradora que se vende para el hogar desde 2002, cuesta unos 200 euros y limpia el suelo mientras tú haces otras cosas, incluso puedes poner el Roomba a funcionar cuando no estás en casa; pero como dice la leyenda eso es peligroso.

Cuenta esta leyenda que una familia dejó su Roomba en casa con el perro y que el robot empezó como tenía programado su labor de limpieza; pero claro, como el Roomba es inteligente pero no demasiado, no cayó en la cuenta de que el perrito, llamémosle Popi, había hecho caca en el suelo del salón. Total, que llegó el Roomba, que ni huele ni siente mucho, y engancha el «regalito» de Popi y se puso a repartirlo por toda la casa.

Es muy conocida la habilidad del Roomba para meterse en los rincones más insospechados: debajo del mueble, detrás de las cortinas, debajo de la encimera de la cocina... Bueno, pues el robot de la familia de Popi repartió aquel «regalito» por tooooda la casa. Cuando llegó la madre y después de casi sufrir un infarto, le comentó al padre por teléfono que la casa era zona de guerra... con un mensaje muy claro: «*Oh, it's bad, it's very bad... I call you back.*»

El Roomba fue un exitazo de ventas y mucha gente se gastó el pastizal que costaba incluso cuando salió, que estaba inicialmente a 600 euros. Para los que seáis fans de los *gadgets*, quizás hayáis oído el término *early adopters*, personas que no tienen problema en gastarse mucho dinero en nuevos productos, aunque lo prudente quizá fuera esperar a que bajara el precio. Piensa en la PS4, por ejemplo, los *early adopters* pagaron un dineral a cambio de poder decir que eran «los primeros».

Con el tiempo la gente empezó a hackear el Roomba y a tunearlo con colores, sensores, luces led, *spoilers* (no es broma), etc. Y la empresa que lo vendía se dio cuenta de que podía vender la plataforma no ya para la limpieza del hogar, sino para que los frikis de la robótica cacharreáramos con ello. El kit costaba bastante dinero, pero como plataforma era decente.

Robots de servicio Wakamaru y Pepper

En 2005, la empresa japonesa Mitsubishi desarrolló un robot que muchos llaman «humanoide/social», que es la forma elegante de decir «este robot humanoide no es capaz de hacer gran cosa, pero ¡eh!, mueve las manos, mueve la cabeza e incluso la cadera y eso queda muy guay». Obviamente no te va a ayudar a limpiar la casa y no te va a transportar la compra, pero al menos viene bien en ferias y eventos para dar un poco el show.

Wakamaru era un robot para los fans del espectáculo y la visión futurista de la robótica; pero, obviamente, al cabo de unos pocos minutos, sino segundos, pierde un poco de interés. Años después, ya en 2014, la empresa francesa Aldebaran Robotics sacó un robot parecido llamado Pepper. Este robot se fabricó también en serie y se ha podido ver por Europa en ferias de robótica y en las noticias de la tele en muchas ocasiones. No hace gran cosa pero de nuevo, no se trata de eso... se trata del *show*. Pepper viene de serie con una tablet en el pecho para facilitar la interacción con el público.

El robot tiene un programa que se puede modificar y que es capaz de reconocer la voz y contestar con respuestas preprogramadas... Obviamente puedes poner un programa de chatbot a un robot como Pepper,

pero, de nuevo, el chatbot al cabo de pocas frases dará la impresión de ser poco natural. Los humanos todavía tenemos que hacer un esfuerzo para creernos que los robots se comportan de forma sociable y tendremos que mejorar todavía el software y el hardware para conseguir una experiencia realmente gratificante al hablar con robots.

Que el robot Pepper use una tablet es un ejemplo de las limitaciones que tiene el software inteligente. Tú le puedes poner software de reconocimiento de voz (programa que reconoce lo que dicen las personas) y de síntesis de voz (programa que es capaz de hablar), pero si la inteligencia del robot no es elevada, las conversaciones serán bastante mediocres.

ASIMO

En la vida real han existido robots muy populares que, sin embargo, no son muy inteligentes; por ejemplo, el robot ASIMO de Honda es un robot humanoide de apariencia impresionante pero de comportamiento un poco limitado. Estuvieron veinticinco años mejorándolo y llegó el día en que los geniales desarrolladores japoneses tuvieron que salir y decir al mundo «Oye, mirad, esto solo va a servir para algo cuando el software sea lo suficientemente inteligente».

Hoy en día (2018), si listáramos los méritos de ASIMO, estos serían los siguientes:

- andar
- andar sin caerse constantemente
- andar con más estilo
- subir escaleras
- bailar mal
- bailar mejor
- trotar

La evolución de la robótica, por cierto, no es algo lineal; es decir, no avanza poco a poco de manera uniforme, sino que va más bien a rachas; de repente se consigue que un robot salte y entonces muchos constructores de robots lo replican. Después se consigue que un robot reconozca caras y entonces otros constructores copian la idea; pero desde los primeros robots humanoides hasta la actualidad la verdad es que se han obtenido pocos grandes hitos. Un hito es un avance puntual, por ejemplo, el descubrimiento de América fue un gran hito histórico. Pues el problema de la robótica humanoide es que tenemos pequeños avances, pero nunca se ha producido un gran hito de envergadura.

Si preguntas a ciertos constructores de robots, te dirán que un hito importante podría ser la capacidad de trotar. Un robot humanoide que es capaz simplemente de correr separando las dos piernas del suelo durante unas décimas de segundo es ya un gran humanoide según los estándares actuales. Para ti es normal, claro, coges, te levantas, das un par de zancadas levantando el pie trasero antes de apoyar el delantero y te sientes tan chulo...; para un robot humanoide eso es muy complejo.

En primer lugar, un ser humano tiene millones de años de evolución a sus espaldas, pero nuestros robots humanoides apenas cuentan con cuarenta años de historia. Para un robot dar un saltito hacia delante implica un dolor importante en sus articulaciones... Bueno, esto es un poco mentirijillas porque un robot no sufre dolor, pero desde luego que sus servomotores (sus rodillas, sus codos, sus tobillos) sufren bastante al correr... Es difícil para ellos.

BigDog

Si existe una empresa que haya marcado el camino en los últimos años esa es Boston Dynamics, una empresa estadounidense creada por titulados del MIT (un instituto superimportante de Estados Unidos) que desarrolló numerosos proyectos de robótica en la década de 1990 y sobre todo en 2000.

Su robot más conocido es un perro robot al que podías dar patadas e intentar desequilibrar, pero siempre volvía a su sitio, incluso podía caminar sobre hielo, donde también era superdifícil de conseguir derribarlo; quizás hayas visto el vídeo en Internet.

Años después sacaron WildCat, una versión más pesada que BigDog. Quizá lo más alucinante de esta gama de robots es que utilizan combustible para que los picos de consumo eléctrico no sean un problema. Hablaremos de este tema más adelante.

Atlas

Este robot no es tan conocido para el gran público como el japonés ASIMO, sin embargo, ha desempeñado un papel mucho más importante que el de ASIMO entre 2013 y 2017. Atlas es un robot creado por el Ministerio de Defensa de Estados Unidos en colaboración con Boston Dynamic (los creadores de BigDog) y se empleó en una importante competición llamada DARPA Robotics Challenge que enfrentó a diferentes equipos entre 2012 y 2015.

El DRC constaba de una serie de pruebas donde los equipos debían personalizar sus robots humanoides para completar tareas: girar llaves de agua, recoger herramientas, conducir un coche con las manos..., los vídeos de las pruebas están en Internet; incluso una recopilación de caídas con musiquita graciosa se hizo viral en 2015.

Lo último que hemos visto de Atlas es un vídeo impresionante en el que da botes entre unos cajones de forma vertiginosa, como si fuera un acróbata. Hace tan solo unos meses eso solo funcionaba con robots cuadrúpedos, pero los ingenieros de Boston Dynamics ya han conseguido dar brincos sobre dos patas hasta a un metro de altura.

Funciones autónomas en coches

Llama la atención que existiendo pilotos automáticos para aviones desde hace décadas no hayan existido pilotos automáticos para coches desde hace también un montón de tiempo, pero si lo pensamos detenidamente el cielo está muy despejado mientras que las calles y carreteras están llenas de obstáculos. En general, hacer volar un avión es una labor fácil la mayoría del tiempo. Incluso los propios pilotos lo reconocen. Solo en un porcentaje mínimo de las situaciones el piloto se convierte en imprescindible, pero realmente su papel es tan fundamental en esas situaciones que a nadie se le ocurriría intentar volar sin un piloto humano para las situaciones difíciles.

En vehículos de carretera ocurre, sin embargo, que la mayoría de las situaciones son difíciles: desde que un semáforo se ponga en rojo o que un niño salga corriendo detrás de una pelota son situaciones de vida o muerte, y, por lo tanto, una máquina tiene que procesar muchísimas variables a una velocidad brutal para que no haya peligro en su navegación autónoma. Los coches, de hecho, pueden navegar autónomamente desde hace años pero no con la fiabilidad que precisamos, y esa fiabilidad debe ser en torno al 99,999 %, es decir, en carretera no nos podemos permitir el más mínimo despiste. Por eso resulta irónico que tantos adultos conduzcan con el móvil al alcance de la mano, ¿verdad?

En Estados Unidos se celebró una competición bastante *wacky*, que dirían por allí, una competición de coches modificados para navegar autónomamente, la llamada DARPA Grand Challenge, cuya primera edición fue en 2004 y la segunda en 2005 (no confundir con el DARPA Robotics Challenge). En esta carrera de coches modificados por universidades, empresas y centros de investigación debían conducir de forma autónoma por un terreno desértico sin salirse de la carretera, sin volcar y evitando obstáculos.

Hoy en día podemos ver ya coches comerciales que aparcan solos, que conducen solos por autopista o que nos avisan si piensan que vamos a colisionar frontalmente. Es alucinante el progreso que esta área ha tenido en los últimos quince años y es probable que para 2020 estemos hablando ya de coches autónomos en carretera como algo normal, quizá no hagan el 100 % de la conducción o no estén en todos los países del mundo, pero

es muy probable que para 2025–2030 los humanos tengamos casi o totalmente prohibido conducir en las grandes ciudades: sencillamente somos demasiado despis-
tados, y aquellos que disfruten de conducir deberán ir a
circuitos cerrados donde no pongan en riesgo la vida de
sus conciudadanos.

Puede parecer que quitar a los humanos el derecho
a conducir en carretera es un ataque a su libertad, pero
el día en que los robots sean más fiables conduciendo
coches que los humanos, ¿cómo le explicarás a un pea-
tón que haya sufrido un atropello que el humano tenía
derecho a conducir? Ese día se acerca a toda pastilla y
las grandes empresas del mundo están inmersas en una
«carrera de armas» con el objetivo de la conducción autónoma en mente.

6
MAKERS Y MAGIA

Pocas cosas pueden ser más divertidas que construir cualquier tipo de cacharro con las manos. Como ha llegado el gran momento de diseñar nuestro robot, queremos que sepas que por ello entras en este mismísimo instante en la maravillosa y única comunidad llamada Maker. ¡Eh, espera, no cierres el libro! No hay que inscribirse en ninguna parte, es gratis y no te van a obsequiar con ningún carné en el que salgas con cara de zombi.

¿Que qué es un maker? Pues verás, es alguien que se dedica a crear cualquier objeto con sus propias manos, a veces en grupo, y después lo comparte con los demás. Por ejemplo, si se nos rompe el pomo de una puerta lo normal es ir a la ferretería, comprar uno y avisar al cerrajero para que lo ponga de nuevo en su sitio. Un maker imprimirá el pomo con una impresora 3D casera y lo colocará él mismo. ¿A que mola?

En esta comunidad cabe todo el mundo: chicos y chicas; altos y bajos; informáticos; chiflados de la impresión 3D; locos por *Star Wars*; *gamers*, y... Bueno, vale, cortamos el rollo.

THE MAKERS

Como en el momento de redactar este libro no existía una entrada de «maker» en Wikipedia, la hemos creado nosotros. Eso es muy de maker; aunque poco después un supervisor la ha borrado por ser «poco enciclopédica»; eso es muy de Wikipedia :(.

Para ser maker necesitas kilos y kilos de ganas de hacer cosas, de ayudar a los demás, experimentar y aprender. Para construir un robot, toneladas y toneladas de paciencia y ánimo. Es muy habitual que los cables que se usan para prototipar (para crearlo) estén mal conectados y que, claro, el robot no funcione y tengas que trabajar durante horas para conseguir que se mueva. No hay nada más robótico que un robot que todavía no funciona cuando tú piensas que ya debería hacerlo. Nuestro consejo: paciencia, paciencia y paciencia.

Nos ponemos pesados: no hay que esperar que funcione, hay que esperar a que el robot **NO FUNCIONE**, y eso no nos puede desanimar, de ahí la famosa frase

«¡Por fin, no funciona!» A esa mezcla de paciencia y áni-mo se le llama «resiliencia».

Así que lo primero, antes de construir robots, antes de comprar ni una sola pieza, es hacerse a la idea de que robotear no es jugar a *League of Legends*; robotear no tiene una recompensa instantánea, no consiste en apre-tar botones y que un muñequito se mueva. Robotear te puede llevar horas o días. La resiliencia es la prime-ra cosa que debemos tener para hacer un robot, y es **¡GRATIS!**

Seguro que conoces a alguien, o incluso tú mismo, que ha construido robots «de juguete». Con un kit de Lego o el castillo de Playmobil puede parecer que ya estás roboteando. Bueno, por algo se empieza, pero la robótica es más de mancharse las manos y... de que, como te decimos, las cosas no funcionen.

Magia entre cables

A estas alturas, ya sabes mucho sobre robots. ¿Te has dado cuenta? Sabes que los robots y los humanos nos parecemos bastante a la hora de movernos. Por ejemplo, nuestros brazos son capaces de estirarse cuan-do bostezamos como osos porque el cerebro manda una orden que el sistema central recibe y distribuye hasta ellos.

Por ahora los robots no bostezan como osos, pero el mecanismo que hace que se muevan es casi clavadito al nuestro. Un robot tiene un chip central en lugar de cerebro y un conjunto de circuitos electrónicos en vez de sistema nervioso central. El chip da la orden, el circuito electrónico la recibe y hace que los motores y actuadores se pongan en funcionamiento.

¡QUE NO CUNDA EL PÁNICO! Explicamos las nuevas palabrejas a continuación.

Un circuito eléctrico es un dispositivo compuesto por materiales conductores que permiten que la electricidad circule a través de él. Uno muy sencillo se compone de tres pilas doble A (las normales de los juguetes), una bombilla (led), cable y un interruptor.

Y aquí empieza la magia...

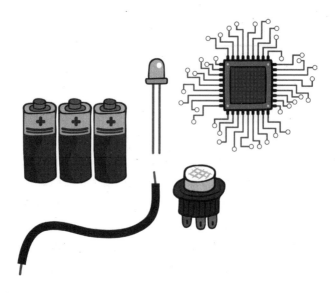

El recorrido de la corriente eléctrica se inicia en una de las terminales de las pilas, pasa a través del cable y llega a una resistencia, que consume parte de la energía eléctrica para que no se funda el led; continúa después por el conducto, llega al interruptor y regresa a la otra terminal de la pila.

Un circuito eléctrico conduce electricidad, pero un circuito electrónico es todavía más guay y permite que el robot active los motores, sensores y el chip del robot. Si comparamos el robot con un ser humano las similitudes son impresionantes: de la misma forma que el cerebro humano es capaz de controlar los músculos de las piernas con unos minúsculos pulsos eléctricos generados en el cerebro, pero que a través del sistema nervioso acaban moviendo nuestros grandes músculos, el circuito electrónico del robot permite transformar los mínimos pulsos eléctricos del chip de control a grandes impulsos eléctricos en los motores.

La electrónica es el sistema nervioso que une músculos (motores y actuadores en general) con el cerebro que los controla, es decir, el chip de control. Este chip que controla al robot, o a parte de este, puede ser un microcontrolador o un microprocesador. Los primeros tienen poca capacidad de proceso (poca capacidad para hacer cálculos complejos), mientras que los segundos tienen mucha capacidad de proceso. Por ejemplo, las lavadoras solían tener microcontroladores, mientras que los móviles modernos suelen tener un microprocesador, similar al de los ordenadores de sobremesa.

El circuito electrónico se suele apoyar en una placa. Por ejemplo, en el mundo de los videojuegos son muy conocidas las tarjetas gráficas que tienen una placa de última generación, que es capaz de procesar una gran cantidad de elementos gráficos: casas, vehículos, el cielo, el sol, los brillos, el polvo... Eso se consigue gracias a un chip llamado GPU. Es fundamental que la GPU de tu tarjeta gráfica sea muy buena si no quieres que los juegos te vayan a pedales.

Este es el circuito electrónico de una tarjeta gráfica 1080 GTX, unos 800 euros de precio de venta en diciembre de 2017

En los robots típicos, la capacidad de proceso suele ser menor que en una torre gamer. Las torres gamers son ordenadores de gran capacidad de proceso que suelen ser de última generación y cuestan una barbaridad. Es curioso que algo tan tonto como los videojuegos pueda estar a la cabeza de las aplicaciones de la electrónica más puntera. La explicación es sencilla: eso ocurre por la tremenda cantidad de dinero que mueve el sector. Si una mínima parte del dinero que se invierte en mejorar los accesorios de los ordenadores para jugadores se dedicara a las prótesis ortopédicas, hace años que existiría un gran mercado de prótesis.

Muchos robóticos que no son fans de la electrónica no son muy amigos de tener que hacer sus propias placas. Esto hoy en día no representa ningún problema porque existe todo un mercado de accesorios para los robóticos. La gente que trabaja en electrónica te dirá que es muy importante hacer nuestra propia placa, pero puedes confiar en nuestro consejo: la electrónica ya está inventada, a menudo lo que falta es un software inteligente para hacer que la robótica pegue el salto que necesita (sin quitarle el mérito a los diseñadores de circuitos electrónicos).

Empecemos por lo básico: interpretar un circuito electrónico. Es importante ser capaz de entender un circuito electrónico y también es muy fácil.

Lo primero que vamos a aprender es qué significa «diferencia de potencial». Como te hemos dicho, aquí hay magia a mogollón, porque podemos entender cómo funciona un circuito, pero no podemos ver lo que ocurre en él, solo los resultados de lo que genera. Si tienes unas pilas conectadas, estas pilas te facilitan dos polos: GND (masa) y 5 voltios (o 3 V, 3.5 V, 6 V, dependiendo del voltaje de las pilas), eso es lo que se llama «diferencia de potencial» o «voltaje».

Representaciones de ejemplo	Definición
	Masa o GND: En electrónica de bajo voltaje (la que vamos a hacer nosotros) la GND suele ser un pin que va a 0 voltios de la batería; en ocasiones se usa lo que se llama «superficie de masa», que es toda una zona metálica dedicada a la GND.
+22 V	La alimentación se puede representar con un icono de batería con dos polos o como un solo hilo donde se indica el voltaje que tiene ese hilo con respecto a la GND. Aquí ves 22V, que es 22 voltios, pero en general en robótica usaremos como mucho 5V, 9V y 12V.
4.5 V (3 x AA)	Aquí tienes una combinación de masa y batería, puede parecer un poco lío, pero se trata de ir uniendo lo que ya hemos comentado. En este caso la alimentación está formada por 3 pilas doble A (las normales de los juguetes de toda la vida) y en total ofrece 4,5 voltios. Por un lado las baterías están conectadas a la GND de tu circuito; que quede claro que en este diagrama no se detalla a qué GND se está conectando porque debería dar igual, la GND puede tener varios pines en un mismo circuito.
	Aquí tienes un pulsador y un interruptor (no es exactamente lo mismo), un botón que puedes accionar con el dedo. Por lo que vemos en este circuito, cuando alguien pulsa el botón, el circuito queda cerrado, es decir, pasa la corriente por el circuito encendiendo, por ejemplo, una bombilla (si la tuviera). No circula el voltaje o no existe diferencia de potencial hasta que el circuito está cerrado.

Ánodo **Cátodo**	Los electrónicos les ponen nombres raros a las cosas, esto que ves es sencillamente una bombilla, los llamados leds que se usan por todas partes y tienen dos patillas, una llamada ánodo, y otra, cátodo. El cátodo es la patita corta del led y suele conectarse a la GND, cuando la corriente circula el led se enciende. Los leds generan luz fría, o sea, no se calientan como las bombillas, por eso consumen muy poco comparado con sus antecesoras bombillas de filamento.
1.2kΩ **R6**	Las resistencias limitan el paso de corriente por un circuito. Hacen falta porque ciertos componentes no pueden tener toda la corriente que puede llegar a proporcionar una fuente de alimentación. Las resistencias impiden que se quemen los componentes.
R **9 V** **Green**	Este circuito es ya un circuito completo y tiene un led (de color verde), una resistencia para limitar el paso de corriente e impedir que el led se queme y una fuente de alimentación (pilas o adaptador de pared) que da 9 voltios. Si metieras 9 voltios directamente al led se quemaría, por eso es importante la resistencia. Las resistencias pueden ser de diferentes valores, pero el cálculo de las resistencias no lo vamos a ver en este libro, así que nos fiaremos de los diagramas que nos faciliten.

Estos circuitos llamados «diagramas de circuitos» no son representaciones reales de lo que vamos a montar, sino que muestran cómo quedan conceptualmente. A continuación, vamos a ver qué es una *protoboard* y cómo te ayuda a conectar todo esto.

Protoboard o placa de prototipado

Ya sabemos de qué va un circuito electrónico. Ahora vamos con la placa de prototipado. Un secreto: esta placa es la mejor amiga de un maker principiante. Ya verás por qué.

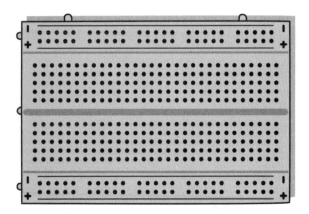

Si te fijas bien en el dibujo, nuestra querida placa se parece bastante a una colmena. Eso sí, muy ordenada y sin el peligro de que nos pique un temible ejército de abejas. Todos esos agujeritos sirven para meter los cables y los componentes electrónicos

La placa está unida por dentro, de forma que si metes un cable en un agujero ese cable estará conectado con otros internamente. Esto hace posible que puedas hacer conexiones entre ellos sin necesidad de usar prácticamente ninguna herramienta.

Aviso a navegantes: algunas veces, los cables que hay que introducir en la placa puede que se doblen un poco. Si los has intentado introducir muchas veces y ves que se te han quedado como un churro, casi es mejor cortar ese cable torcido un poco y empezar de nuevo. No te preocupes por tener que tirar a la basura algún led o alguna resistencia, es material superbarato. Pero asegúrate de que va al contenedor adecuado, ¿vale?

Esta colmena tan especial tiene dos zonas: una es la central, donde las hileras están unidas entre sí; otra, la de los extremos, donde las hileras están separadas formando grupos. En la siguiente imagen puedes verlo perfectamente:

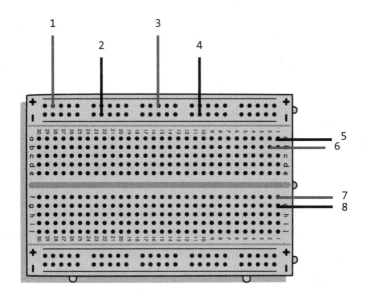

Los cables 1 y 3 deben estar unidos entre sí porque están en la misma hilera lateral; por el mismo motivo están unidos el 2 y el 4. ¡Ojo! Fíjate: en la zona central, el cable 5 no está unido al cable 6. El cable 7 y 8 están unidos entre sí, pero no están unidos al 5 porque están en laterales diferentes de la placa.

La *protoboard* va siempre unida a los sistemas de circuitos. Montar los dos elementos es parecido a interpretar una partitura musical: al principio es un poco dolor de muelas, pero cuando te acostumbras ¡es como si estuvieras leyendo un cómic!

Como puedes ver, cada pieza del diagrama tiene que ir conectada en la *protoboard*, como dicen por ahí «no es ingeniería de cohetes», pero tienes que ser muy cuidadoso y no meter las pilas hasta el final, porque si te equivocas puedes fundir el led. Si has quedado con tu pandilla de *skate* para hacerte unos *grabs* y tienes que salir pitando de casa, nunca dejes tu circuito conectado, ¿vale? Si no lo estás controlando, quítale las baterías. Esto es **SUPERIMPORTANTE**.

Diseño 3D o navaja multiusos, ¡qué pasada!

Ya sabemos cómo son las «tripas» de nuestro «bicho». Ahora vamos a diseñarle un traje a medida. Como comprenderás, no podemos vestirle de rapero, pero intentaremos que luzca lo más apañado posible.

Hace tan solo unos años, fabricar la estructura de un robot era un dolor de cabeza. Conseguir piezas molonas resultaba muy difícil. Tenías que comprar aburridos listones plásticos o metálicos y luego mecanizarlos, es decir, transformarlos en tu casa como buenamente pudieras. Era una pesadez.

Afortunadamente, la impresión 3D llegó al rescate de todos los makers. Hoy en día hacer la estructura de un robot es pan comido gracias a ella. Con esta técnica es posible crear un objeto físico a partir de un modelo 3D, o sea, un modelo en tres dimensiones. La cosa no puede ser más fácil: tú lo diseñas en tu ordenador o bajas el diseño de Internet y lo imprimes en una maravillosa máquina 3D, que ahora son bastante baratas.

Programación o cómo hablar a tu robot para que te entienda

Una vez que tienes hecha la electrónica y la mecánica, llega la hora de programar el robot. Eso requiere del uso de un lenguaje de programación, por ejemplo, el lenguaje C. El lenguaje C se usa mucho en robótica, y como es un poco complejo a veces se emplean herramientas visuales, que mediante cajitas simplifican la programación.

Vale, puedes estar pensando que tú no sabes nada de programación, pero ten en cuenta que realmente no vas a programar de cero. En Internet puedes copiar muchos trozos de código. Copiar código de Internet no está del todo bien, pero teniendo en cuenta que es como sobreviven la gran mayoría de las empresas de software del mundo, casi lo damos por bueno y no nos ponemos tiquismiquis.

La energía de los robots

Una de las limitaciones más importantes que siempre han tenido los robots es su poca eficiencia energética. La eficiencia se refiere a la capacidad de cumplir adecuadamente una función. Para que lo entiendas mejor, tú desayunas una tostada y un cola cao, y con eso puedes ir al cole, prestar atención en clase de lengua, resolver problemas en clase de mates y hacer deporte. Pero un robot no puede funcionar tantas horas seguidas ni puede hacerlo con tanta habilidad como tú. Para que un robot humanoide haga movimientos chulos, como el pino o dar giros en el aire, es necesario que tenga control en las articulaciones y mucha fuerza, además de una batería superpotente y superligera. Imagínate andar con una goma elástica que te atara los pies: acabarías con la lengua fuera en poco tiempo. Algo así les pasa a los robots.

Como acabamos de decir, la falta de eficiencia se intenta resolver con distintas fuentes de energía muy potentes: gasolina, electricidad, aire comprimido, etc. Ya conocemos al simpático BigDog. Bueno, pues este perrito en vez de comer huesos se alimentaba con gasolina, y así consiguió ser eficiente.

Usar gasolina, en general, no mola mucho: contamina un montón y, además, es peligroso y caro. La batería eléctrica es la mejor opción.

7
¡A ROBOTEAR!

Vamos a construir, ¡por fin!, paso a paso, un robot que cubra todas las áreas y funciones básicas de la robótica: mecánica, electrónica, programación y alimentación. ¿¿¿Te lo puedes creer???

El robot va a tener varias piezas:

- motores para moverse (como si fueran las piernas);
- sensores para percibir lo que ocurre en el entorno (los ojos);
- placa de control (el cerebro y el sistema nervioso).

El robot que vas a montar es un «modelo libre», eso quiere decir que los planos de sus piezas, circuitos y componentes son públicos, para que todo el que quiera pueda consultarlos y hasta modificarlos para que el robot sea mejor. También tienes un vídeo en Internet que hemos subido con su montaje; todos los archivos te los puedes bajar de la página web de la Liga Nacional de Robótica (lnrc.es). Eso sí, hay que respetar la autoría y citar siempre el autor original cuando se describa el robot.

Hay muchos otros robots con los que puedes iniciarte y hacer tus primeros programas, pero nosotros hemos escogido este porque creemos que es fácil de montar y programar, y porque cuando se lo enseñes al mundo mundial vas a fardar de lo lindo.

Como ya te hemos contado, los robots físicos constan principalmente de actuadores, sensores y un cerebro o unidad de procesamiento de información. Nuestro robot tiene las siguientes partes:

Actuadores o salidas, es decir, los dispositivos que permiten al robot comunicarse o interactuar con el medio:

- 2 motores
- 3 leds (rojo, amarillo y verde)
- 1 led RGB (puedes hacer múltiples colores con él)
- 1 pequeño altavoz

Sensores o entradas, que permiten que el robot capte información de su entorno:

- 2 pulsadores
- 2 sensores infrarrojos de línea
- 1 sensor infrarrojo de distancia

Unidad de control, que constituye el sistema nervioso del robot:

- Arduino Nano
- *driver* de motores
- interruptor general

Fuente de energía:

- Batería LiPo 2 celdas 350 mAh

Las baterías de polímeros de litio se utilizan mucho en el mundo del radiocontrol, en coches teledirigidos, aviones a escala, pequeños helicópteros, etc. Tienen mucha capacidad en comparación con las pilas normales, pero, ¡cuidado!, solo se pueden cargar con cargadores especiales. También debes estar atento a no descargar demasiado estas baterías o acortarás su vida útil.

Materiales

Ahora vamos a explicarte cómo montar el robot. Para ello primero haremos un repaso de todos los materiales que necesitas.

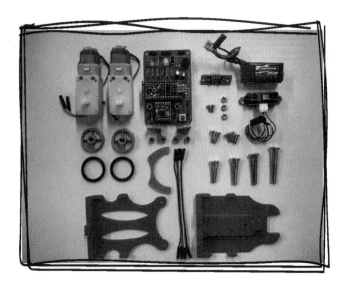

Piezas impresas:

- base
- superior (top)
- rueda x 2
- pivote delantero x 2
- pivote trasero x 2
- parachoques

Material electrónico:

- placa de control
- placa de sensores de línea
- motor x 2
- sensor de distancia infrarrojo
- tira de 4 cables hembra – hembra
- batería LiPo 2S 350 mAh

Otros materiales:

- junta tórica x 2 (gomas de las ruedas)
- tornillo M2 x 6 mm (2 uds.)
- tornillo M3 x 30 mm (2 uds.)
- tornillo M3 x 25 mm (2 uds.)
- tornillo M3 x 20 mm (2 uds.)
- tornillo M3 x 8 mm (3 uds.)
- tornillo M3 x 10 mm (2 uds.)
- tuercas M3 (3 uds.)

Paso 1. Montar la base

No vamos a empezar la casa por el tejado, así pues, haremos primero con la parte inferior del robot.

1.1. Fijar los motores

Toma la base impresa y sitúa los motores tal y como ves en la imagen. Para fijar los motores, enrosca los tornillos M3 x 30. Uno para cada motor.

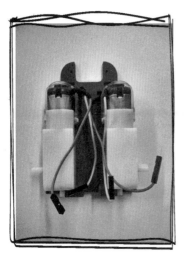 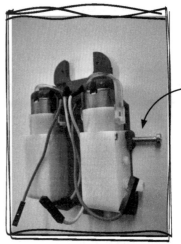

1.2. Fijar los sensores de línea

Simplemente fija la placa y el parachoques a la base con los tornillos M2 x 6. ¡Cuidado! La placa debe estar en contacto con la base, el parachoques va encima de la placa. Fíjate bien en la orientación de la placa.

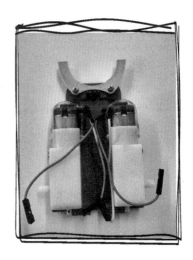

1.3. Encajar la batería

Situamos la batería entre los motores procurando que quede bien sujeta.

Paso 2. Parte superior

2.1. Pasar cables

Tienes que pasar los cables de los motores y la batería por las ranuras de la pieza «top». Los cables del motor izquierdo van por la ranura izquierda, mientras que los del motor derecho y los de la batería van por la derecha.

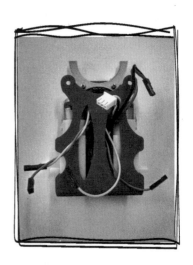

2.2. Anclar motores a la pieza superior

Enrosca los tornillos M3 x 25 de la parte superior tal y como has hecho con los inferiores. En este caso los tornillos se sujetan por la presión de la batería. Procura no romper el envoltorio que la protege. A continuación ancla la parte trasera con tornillos M3 x 20 a cada lado.

2.3. Ruedas

Simplemente tienes que colocar las juntas tóricas en las llantas y presionar con fuerza para que entren completamente en el eje del motor.

Paso 3. Sujeción de la placa de control

Coloca la placa encima de la base que acabas de ensamblar. Si te fijas, hay cuatro agujeros para pasar tornillos y sujetar la placa. Los traseros van con los pivotes cilíndricos y los tornillos M3 x 8, mientras que los delanteros van con los pivotes en forma de gancho y los tornillos M3 x 10, con sus tuercas correspondientes.

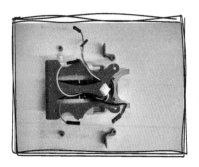

Para terminar el montaje, solo falta sujetar el sensor de distancia. El tornillo y la tuerca que te sobran amarran el sensor con los pivotes en forma de gancho.

Paso 4. Conexiones

Quedan un montón de cables sueltos. Vamos a definir uno por uno dónde conectarlos.

Motores: Conecta los dos cables de cada motor al lado correspondiente. Luego comprobaremos si la polaridad es la correcta.

Batería: Solo hay que conectar el cable con conector rojo. El conector blanco de tres cables únicamente lo utilizamos para la carga. Fíjate bien en la polaridad del conector de la batería. Acciona el interruptor azul de la placa y comprueba que hay leds brillando.

Sensor de distancia: El conector de tres pines se conecta a la parte frontal derecha de la placa. Sigue el orden de los colores de la fotografía.

Sensores de línea: Simplemente conecta el cable entre la placa de sensores y la placa de control sin que haya ningún giro.

Comprobaciones básicas

Antes de darle caña a tu robot, es decir, antes de programarlo, debes comprobar que todos los sensores y actuadores funcionen correctamente. Vamos a empezar con los sensores.

Tenemos los sensores de línea y el de distancia. Ambos sensores funcionan emitiendo luz infrarroja y procesando la que se refleja en los objetos. Nuestro ojo no es sensible a esa luz, por eso, aunque el sensor esté alimentado (placa de control encendida), no vemos nada. Los sensores que llevan las cámaras fotográficas digitales suelen ser sensibles al infrarrojo, por eso vamos a utilizar una cámara para comprobar que los sensores emiten luz. Una buena idea, ¿no? Es fácil: encendemos el robot y enfocamos con la cámara del teléfono móvil la imagen de los sensores. Si observamos un punto luminoso en la pantalla de nuestro dispositivo, querrá decir que el sensor funciona correctamente (no todos los móviles del mercado ven esta luz, por cierto). En caso contrario habrá que revisar las conexiones y comprobar que el dispositivo con el que estamos enfocando no está bloqueando la radiación infrarroja.

Ahora vamos con los motores. Para saber si funcionan debemos cargar un programa de prueba. Si el programa ya viene cargado, con el robot apagado, aprieta el botón derecho y, sin soltarlo, enciende el robot. Con este programa el robot sigue esta secuencia: adelante, atrás, giro derecha, giro izquierda, pivotar en sentido horario y pivotar en sentido contrario a las agujas del reloj. Si el robot no sigue esta secuencia, hay que cambiar el orden de los cables de los motores hasta conseguirlo. Si te fijas bien en cada motor, puedes hacerlo rápido. Si cuando sigues la secuencia de arranque ves que un motor gira para avanzar, pero el otro retrocede, gira los cables del motor que funciona al revés y vuelve a hacer la comprobación.

Paso 5. Comprobaciones de todos los sensores/ actuadores

Ahora vamos a repasar todos los programas de prueba para comprobar que todo funciona correctamente.

Leds y buzzer

Si enciendes el robot sin más, los leds reproducen una secuencia y al final suena un pitido. Fíjate en el led RGB y la cantidad de colores que es capaz de reproducir.

Sensor de distancia

Si enciendes el robot con el botón izquierdo pulsado, el robot entra en modo «aparcacoches», es decir, va emitiendo pitidos más o menos frecuentes en función de la distancia a la que se encuentra un objeto.

Sensores de línea y motores

Si enciendes el robot con los dos pulsadores apretados, el robot intenta seguir una línea oscura sobre un fondo claro. Puedes hacer la prueba con un trozo de cinta aislante negra. Si el robot sigue la línea, todo funciona correctamente.

Paso 6. Programación

El cerebro de nuestro robot, o la parte que podemos programar, es una placa llamada «Arduino Nano». Arduino es un sistema que ha revolucionado el mundo de la robótica. Antes de Arduino hacía falta estudiar y comprender muchos temas de electrónica y programación para construir un robot por simple que fuera. A pesar de la simplicidad del código Arduino, te harían falta un par de libros como este para poder empezar a darle órdenes al robot. Las instrucciones se escriben una debajo de la otra con una serie de palabras clave que el programa se encarga de traducir para que la placa las entienda.

Para simplificar este trabajo hay programas que funcionan a partir de bloques que son fáciles de entender y luego traducen nuestras instrucciones al lenguaje propio de Arduino. Uno de esos programas se llama Mblock y a continuación te vamos a mostrar sus capacidades.

Mblock es un programa basado en Scratch, una herramienta fantástica creada para introducir a chicos y chicas de primaria en el mundo de la programación. Scratch permite crear historias, videojuegos, presentaciones, dibujos, etc., simplemente uniendo piezas de diferentes características. Una de las limitaciones de Scratch es que el programa creado solo funciona en el ordenador. Y aquí es donde se nota el buen ojo de los creadores de Mblock. Unieron Scratch y Arduino y facilitaron así la programación de robots a todos los chicos y chicas del mundo, ya que el programa es de ¡libre distribución!

Paso 7. ¡A funcionar!

¿Listos? Pues vamos allá. La primera cosa que vas a tener que hacer es descargar e instalar el software Mblock en tu ordenador. Hay versiones para Windows, Linux y Mac. Toda la información del programa y sus actualizaciones pueden encontrarse en mblock.cc

Si abres el programa podrás ver en entorno scratch con un oso panda, el icono del proyecto. En nuestro caso no vamos a utilizar el oso panda para nada, o sea que podemos esconderlo para poder ver mejor las cosas que nos interesan. Editar → Hide stage layout.

Para programar nuestro robot con Mblock, necesitamos decirle que utilizamos una placa Arduino Nano. Placas → Arduino Nano (atmega 328).

A continuación podemos conectar el robot al ordenador. El cable micro USB se enchufa al conector de la Arduino Nano y el USB macho, a cualquier puerto de nuestro ordenador. Si todo funciona como es debido, nuestro ordenador reconocerá la placa Arduino Nano de nuestro robot. Para verificarlo, vamos a conectar ambos elementos. Seleccionamos Conectar → Serial port → COM? En COM? se indica el puerto de comunicaciones que tu ordenador ha asignado a la placa Arduino. Justo después de seleccionar esta opción, la cabecera del programa debe cambiar y leerás en ella «Serial port conectado». Si es así, **DA UN SALTO HASTA EL CIELO**. ¡Hemos tenido éxito!

Los bloques correspondientes a las instrucciones Arduino básicas se encuentran en el apartado «Robots». El primer programa que vamos a crear va a hacer parpadear el led que incorpora la Arduino Nano. Este programa se llama Blink y suele ser el primer paso que se da cuando se trabaja por primera vez con un arduino.

El primer bloque de todos los programas que vas a crear tiene que ser «Arduino program». Para incorporarlo a nuestro programa, simplemente lo arrastramos hasta nuestra hoja en blanco.

A continuación añadiremos un bloque «para siempre», así verás de manera repetitiva cómo parpadea el led. Control → por siempre, y arrastramos el bloque debajo de «Arduino program».

Ahora viene la parte interesante, necesaria para hacer parpadear un led. Pues todo esto:

Encender el led – esperar un rato – apagar el led – esperar un rato.

El bloque encender el led, se traduce como «fijar salida digital 13 a HIGH». Ponemos el valor 13 porque es el pin que controla el led de la nano.

Esperar es simplemente «control → esperar 1 segundo».

Apagar el led se traduce como «fija salida digital 13 a LOW».

Y volvemos a esperar un segundo.

Una vez que todos los bloques están encajados, estamos en disposición de programar el robot, o sea, transferir las instrucciones de nuestro ordenador al microcontrolador que gobierna el robot. Haciendo clic en el programa de Arduino, se abre una ventana lateral con la traducción a lenguaje Arduino de nuestros bloques, y

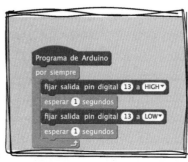

apretando «upload to arduino» comienza la transferencia de información. Inicialmente aparece el mensaje «subiendo» y al cabo de unos instantes podemos leer «upload finish». Fíjate que cuando se está transfiriendo el programa hay dos leds en la Arduino Nano que parpadean rápidamente.

```
1 #include <Arduino.h>
2 #include <Wire.h>
3 #include <SoftwareSerial.h>
4
5 double angle_rad = PI/180.0;
6 double angle_deg = 180.0/PI;
7
8 void setup(){
9      pinMode(13,OUTPUT);
10 }
11
12 void loop(){
13     digitalWrite(13,1);
14     _delay(1);
15     digitalWrite(13,0);
16     _delay(1);
17     _loop();
18 }
19
20 void _delay(float seconds){
21     long endTime = millis() + seconds * 1000;
22     while(millis() < endTime)_loop();
23 }
24
25 void _loop(){
```

Back   Upload to Arduino   Editar con IDE de Arduino

Después de cargar el programa tendremos que ver cómo el led que incorpora la Arduino Nano parpadea a razón de una vez cada dos segundos. Puedes probar a cambiar los tiempos para verificar que comprendes el programa.

Para poder aprovechar todos los sensores y actuadores de tu robot, hemos creado una serie de bloques que te permitirán dar instrucciones al robot de manera directa y rápida. Puedes encontrar todos los bloques que describimos a continuación en el apartado «Datos y bloques», una vez cargado el proyecto base a partir del cual puedes elaborar todos los programas. Archivo → Abrir proyecto → Base.sb2

Instrucciones separadas por bloques

Control de leds:

Color_ON/Color_OFF. Enciende y apaga el led de color verde/amarillo/rojo

RGB_Color_ON/RGB_Color_OFF. Enciende y apaga el color rojo/verde/azul en el led RGB

¿Puedes notar la diferencia entre las dos instrucciones? En el primer caso se refiere a los leds de colores, mientras que en el segundo se refiere al led RGB, que tiene incorporados los leds rojo, verde y azul en el interior.

Control del altavoz
Beep genera un sonido de 400 Hz durante un cuarto de segundo. Básicamente hace «beep».

Pulsadores
Libera pulsador izquierdo/derecho. Detiene el programa hasta que se aprieta y libera el pulsador correspondiente.

Motores
Adelante/Atrás/Derecha/Izquierda. Mueve el robot en la dirección especificada. El número que hay que poner indica la potencia que se da a los motores en %. En los giros, el parámetro está relacionado con el giro; cuanto más alto, más brusco es el giro.

Pivotar_H/Pivotar _AH. Hace girar las ruedas del robot en sentido opuesto, lo que hace que el robot no se desplace y gire sobre sí mismo en sentido horario (H) o antihorario (AH).

Stop. Para los motores.

Sensores
Lee sensores de línea. Lee el valor de cada sensor (sensor_derecho y sensor_izquierdo) y lo clasifica como

blanco o negro. Este bloque solo lee una vez y hay que llamarlo constantemente si se quiere seguir un trazado (seguidor de línea).

Lee distancia. Lee la distancia a la que se encuentra un objeto cercano (en centímetros) y lo guarda en la variable distancia.

Caso práctico 1.

Programa de ejemplo con los bloques de la base

El objetivo es reproducir el funcionamiento de un semáforo. Para ello utilizaremos los tres leds de colores de la parte frontal derecha del robot. Fíjate que, si ponemos una serie de instrucciones consecutivas, el robot las ejecuta sin detenerse. En caso de que queramos hacer una pausa deberemos incluir una espera.

El orden de un semáforo es verde (3 s)/amarillo (0,5 s) / rojo (5 s).

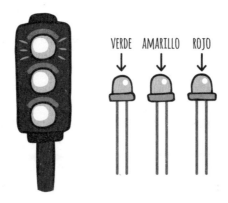

Caso práctico 2. Seguidor de línea

Se trata de un programa simple pero con una puesta en escena espectacular. ¡El robot sigue la línea!

Principalmente el robot ha de leer la línea sin parar, y, una vez leídos los valores de los sensores, debe escoger si tiene que ir recto (está sobre la línea), girar a la derecha (está desplazado a la izquierda) o girar a la izquierda (desplazado a la derecha).

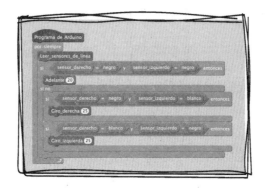

Caso práctico 3. Aparcacoches

En este ejemplo intentaremos reproducir el sistema de sensores que incorporan los coches y que entran en funcionamiento cuando aparcamos. La idea básica es leer la distancia a la que se encuentra un objeto y emitir pitidos a una frecuencia relacionada con esta distancia. La clave está en darse cuenta de que solo tenemos que cambiar el tiempo de espera entre pitidos.

Paso 8. Retos

Una de las claves de la robótica es la capacidad de avanzar y de construir programas complejos a partir de unas bases simples. Con las pequeñas indicaciones que te hemos dado, ¿serías capaz de solucionar los siguientes retos?

- **Arcoíris.** Te planteamos que hagas un arcoíris con el led RGB del centro de la placa. Por ejemplo, un segundo con cada color. Empiezas con el cian y acabas con el rojo. ¿Puedes hacer también el color blanco?
- **El coche fantástico.** Durante los años 80 fue una serie de ficción con bastante éxito. El protagonista era un robot llamado Kit que «vivía» en un coche deportivo negro y era capaz de hacer todo tipo de virguerías (saltos, supervelocidad, etc.). En la parte frontal llevaba una tira de leds que se movían a derecha e izquierda. ¿Podrías reproducir ese efecto?
- **Barrera en el camino.** Prueba que complica ligeramente el rastreador. El objetivo es que el robot siga una línea negra sobre un fondo blanco, pero que se detenga si encuentra un objeto delante y que continúe siguiendo esa línea si tiene el camino libre. Complicamos aún más el reto, ¿puedes conseguir que el robot dé media vuelta cuando encuentra un objeto en el camino?
- **Blanco y negro.** Has podido comprobar que es sencillo seguir una línea oscura sobre fondo claro.

¿Y si cambiamos los colores? O sea, fondo negro y línea blanca. También puedes rizar el rizo y combinar los dos caminos en una prueba: empezar con la línea negra y luego hacer un cambio de color de la línea. La dificultad de este reto es la combinación de dos bloques simples. ¿Cuándo hay que ejecutar cada bloque? La clave está en detectar el cambio de fondo y dirigir el flujo del programa en consonancia.

- **Laberinto de líneas.** En este reto vamos a tejer un camino con bifurcaciones y pondremos una pared al final de los caminos incorrectos. El objetivo es conseguir que tu robot consiga llegar al final del camino sin golpearse con ningún obstáculo. Una pequeña pista: en este caso deberás programar el robot para que siga el borde de la línea y no el centro. Cuando el robot detecte un obstáculo, debe dar media vuelta y continuar siguiendo el mismo borde. Fíjate en la imagen. ¡Si consigues seguir el borde derecho o izquierdo, llegarás al final!

- **Laberinto de paredes.** Se trata de construir el típico laberinto, ¡pero no te pases con las paredes! Intenta primero ver si puedes con un par de paredes y luego ve complicando el escenario. Ten en cuenta que solo dispones de un sensor de distancia, y que debes girar poco a poco para estar seguro de que tienes el camino libre.

No te desanimes si no te salen los retos, a veces hay un pequeño detalle que se te ha escapado y, cuando te das cuenta…, **¡EUREKA!** Otra idea que tienes que entender es que no siempre hay una solución única. Al final del libro puedes encontrar una posible solución a los retos, pero no es la única. Si superas el reto con otro programa, ¡perfecto!

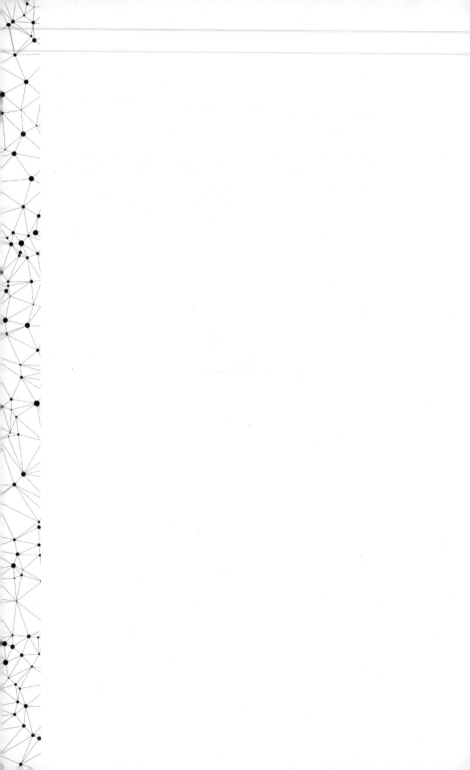

8
IDEAS PARA CONSTRUIR LOS ROBOTS MÁS RAROS Y ALUCINANTES QUE TE PUEDAS IMAGINAR

Robots cuadrúpedos y hexápodos

Muchos robóticos que ya han hecho cochecitos autónomos, como los rastreadores, se lanzan a construir robots con muchos servomotores. Uno de ellos es el llamado «araña». Y sí, consisten en lo que estás pensando: robots con patas que pueden caminar. La verdad es que son muy fáciles de construir y tampoco requieren un software muy depurado, puesto que la araña caminará mejor o peor, pero desde luego caminará. Es mucho más difícil, por ejemplo, hacer humanoides: equilibrarlos o ajustar sus holguras para que se mantengan en pie no es moco de pavo.

Humanoides

Como te decimos, con los humanoides subimos de nivel. Cualquier robótico
te dirá que es una de las creaciones más
difíciles, precisamente porque cada ser-
vo que añades complica en mayor medida el equilibrio
del conjunto. En general, la principal limitación inicial
es el mecanizado, así que te damos ideas: usar un humanoide que simplifique las articulaciones, como, por
ejemplo, Zowi, que no tiene rodillas, o usar un kit de
humanoide que tenga ya diseñadas las articulaciones
inferiores, al menos para que no tenga demasiadas
holguras.

Una vez montado vendrá el reto de controlar los servomotores que tenga: un humanoide simple sin rodillas
cuenta con 6; un humanoide con rodillas y caderas tiene
entre 8 y 12, y un humanoide completo, con torso y brazos, no suele tener menos de 16 servomotores. Son un
montón de motores, pero afortunadamente existen placas que controlan hasta 32 servos. ¡Por electrónica que
no quede, no hay problema!

Por último, la cosa se complica con su software; es
un auténtico reto controlar el humanoide de forma que
no parezca un FrankyBot. Actualmente, la tecnología más
puntera está intentando conseguir que los movimientos
de estos robots sean lo más fluidos posible.

Robots que imitan rasgos de animales

Existe toda una rama de la robótica dedicada a construir robots que intentan replicar características de animales. Las especies animales llevan millones de años de evolución a sus espaldas, así que estudiándolas y viendo cómo han cambiado, y en algunos casos se han perfeccionado, podemos aprender mucho de ellas.

Por ejemplo, ¿te has fijado en el tren AVE? Tiene un morro digno del pato Donald, alargado y puntiagudo. Bueno, pues su diseño está basado en un pájaro de pico similar, que cuando lo introduce en el agua no genera ondas. Con esta idea en la mente de los imaginativos creadores del tren, se consiguió que al salir de un túnel no generara ondas sonoras, tan molestas para los vecinos de los lugares por donde pasa.

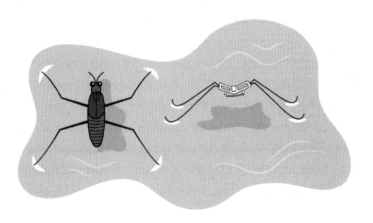

A la derecha, insecto robot de la Universidad de Seúl que camina por el agua; a la izquierda, el insecto real que imita

De entre todos los aspectos más curiosos de los animales está el relacionado con los mecanismos de desplazamiento de ciertos insectos, como la pulga o el saltamontes. Una pulga puede saltar **200 VECES SU PRO-PIO TAMAÑO**, es decir, es como si un ser humano saltara 100 metros hacia delante. Este movimiento se puede reproducir con actuadores sencillos, solo si el robot es superligero, para que la fuerza del salto no quede anulada debido a su peso.

Estabilizadores sobre dos ruedas. *Self balancing* robots

Existe un sensor (un dispositivo capaz de percibir el entorno, como nuestros ojos) especial llamado «girós-copo» que permite saber hacia dónde se mueve un robot. Imagínate que te da por los malabares y que uno de ellos consiste en colocarte un palo vertical en la palma de la mano, pero alguien con muy mala uva te quiere estropear el número e intenta moverlo. ¿Sabes qué? Nuestro cerebro es muy listo y te ayudará a mover la mano de forma que el palo nunca se caiga. Qué majo para ser una masa gris tan asquerosa, ¿no? Esa función que tiene tu cerebro está basada en el movimiento del extremo superior del palo y lo que hace es corregir la posición de la mano para que el palo no se caiga.

Hay robots que se apoyan en este principio para navegar sin necesidad de tener cuatro ruedas, solo dos. Seguro que los has visto por la calle o que te has montado en alguno, es el famoso Segway. Un vehículo ligero en el que vas de pie como si fueses un gladiador romano. Si quieres tomar una dirección, solo tienes que inclinarte hacia ella. Así funciona. Aunque existe comercialmente, también te puedes construir tu propio «robot balanceador» pequeño.

A la derecha, Segway comercial; a la izquierda, pequeño robot balanceado basado en Arduino

Otras ideas

Todas estas ideas que te comentábamos antes están muy documentadas en Internet, pero también existen otras muchas que puedes investigar e intentar montar en casa con ayuda de Internet y con nuestra inseparable amiga la paciencia:

- brazo robotizado

- mano robótica para lenguaje de signos

- robots acuáticos y submarinos

- robots que se mueven con energía solar

- robots con materiales caseros

- robot pájaro

- drones autónomos

- enjambres de robots y robots colaborativos

9
¡GANA LA LIGA DE ROBOTS Y ALUCINA CON TUS COLEGAS!

Sí, maker, ahora ya sabes lo divertido y también lo complicado que resulta ver por fin la cara de tu criatura robótica. Como hoy en día existen kits para todo, también los hay para la mecánica de nuestros «bichos» y puedes comprar las piezas ya hechas. Si lo que no quieres es programar, existen kits donde el programa te lo sirven en bandeja y solo tienes que cargarlo en el robot, y lo mismo pasa con la electrónica.

Esto permite que cualquier persona pueda crear robots: si te gusta más la programación, pues te compras la mecánica y la electrónica ya hecha. Pero si quieres conseguir robots impresionantes, robots que hagan historia, entonces necesitas ser multidisciplinar, es decir, debes tener la capacidad de saber de mecánica, electrónica y programación, y también de fisiología humana, música, química, aerodinámica... Como ves, estudiar mucho es **FUNDAMENTAL**.

Precisamente por la falta de especialización a la hora de construir robots se creó en 2008 la Liga Nacional de Robótica de Competición o la Liga de Robots, como la llama todo el mundo. El objetivo de la liga es promover la creación de equipos profesionales de constructores que desarrollen sus propios robots y compitan los unos con los otros durante el año para decidir quién es el mejor equipo.

Al principio, en la liga los equipos estaban formados por constructores que participaban de manera individual. Sin embargo, a medida que pasa el tiempo, cada vez más los equipos se organizan por grupos de constructores, es decir, varias personas que dominan diferentes áreas y se dedican a mejorar en esas áreas en concreto.

Hoy en día es superimportante especializarse en robótica para cubrir aspectos concretos, no se puede ser «experto de todo» salvo que seas Xavi Puigmal, constructor del equipo Smith que ganó la Liga de Robots cuatro años, sin tener ningún otro constructor en el equipo, un ¡auténtico crac! También es cierto que en aquella época los equipos estaban organizados de ma-

ELECTRÓNICA

MECÁNICA   QUÍMICA   PROGRAMACIÓN

MÚSICA   AERODINÁMICA

nera más sencilla y era más fácil ganar con menos nivel de especialización.

Ganar la Liga de Robots es el mayor premio que puedes obtener en robótica de competición en España. Existen varios requisitos para poder competir en la división de profesionales (división PRO), pero lo más importante de todo es tener robots alucinantes. Nos tememos que los robots chanantes no se pueden comprar, hay que idearlos, diseñarlos, fabricarlos y después dedicar mucho pero mucho tiempo a mejorarlos.

Muchos equipos han competido en la liga con intención de ganar y no lo han conseguido por falta de conocimientos o poca dedicación. Es muy habitual que tengamos pequeñas carencias en mecánica, electrónica o programación, pero si formas un equipo multidisciplinar, trabajáis duro y aprendéis de vuestros errores, no tendréis demasiados problemas para estar ahí arriba en los estadillos.

Crea tu equipo

La Liga de Robots ha establecido una serie de requisitos para los nuevos equipos: debéis tener un nombre, un logotipo, describir por escrito quiénes sois y qué hacéis y, por supuesto, construir vuestros robots. A los profesionales se les pide además, que tengan robots en todas las categorías de competición, pero para los estudiantes es mucho más sencillo.

Por ejemplo, puedes hacer un robot rastreador de línea y competir con él en la categoría de rastreadores, o puedes hacer un robot minisumo (robots que intentan sacar a su contrincante del área de combate) y competir contra otros minisumos. Realmente a los estudiantes se les piden pocos requisitos para poder competir, aunque también es cierto que los premios son menores que en división PRO.

APUNTA ESTO: tus compañeros son muy importantes. En el equipo tiene que haber especialistas de cada área, y que se lo pasen pipa con los demás y con los «bichos». El buen ambiente facilitará las cosas. También que haya tantas risas como ganas de trabajar y que reine el buen rollo.

Perfecciona los robots

¿Sabes cuál es el primer problema que encuentran muchos constructores en las competiciones?: los robots que les funcionaban en casa no les funcionan en el recinto de la competición. ¡Qué chasco! Esto suele ocurrir cuando los cables se ponen en una placa de prototipado, o *protoboard*, y en el recorrido desde casa hasta donde se celebra la competición se sale algún cable.

Cuando eso ocurre, se te queda cara de panoli y te desanimas un poco, pero enseguida hay que tomar la delantera a los problemas. Puede parecer una tontería, pero perfeccionar el robot para que no tenga cables sueltos, que no se le salga una rueda o colocar en su sitio las baterías para que no se muevan son temas superimportantes, que marcan la diferencia entre un robot que funciona bien o uno que termina por ser una castaña.

De hecho, en robots con ruedas la fiabilidad es importante, pero ¿sabes en qué tipo de robot la fiabilidad es fundamental? En robots con patas, en robots que tienen que dar pasos: si hay holguras en las articulaciones lo que ocurrirá es que el robot se caerá fácilmente.

Por ejemplo, un minisumo no tiene por qué ser tan fiable, es decir, mientras no se salga del tatami, claro. Bueno, y luego, además, solo tienes que conseguir echar al robot contrario y, a su vez, evitar que el robot contrario te expulse del tatami.

Viaja a Japón con tus robots

Vamos a suponer que hemos tocado la gloria ganando la Liga de Robots. Seguro que te preguntarás, y ahora ¿qué? Hay que ir a Japón, así de claro lo decimos. Allí se celebran dos de las competiciones más importantes del mundo: el RoboOne y el All-Japan Sumo.

El RoboOne es una competición de robots humanoides en la que se hacen varias pruebas de habilidad y una prueba de combate. El All Japan Robot Sumo es puro sumo de ruedas sobre superficie metálica; los robots llevan imanes para ganar tracción (agarre) sobre el tatami.

En Europa existen otras competiciones como el RoboChallenge y el Baltic. Sin embargo, no se celebran de manera tan continuada como las japonesas. También hay competiciones «viajeras», como la Robocup, que cada año celebra su final en un país diferente. Su único inconveniente es que se necesita mucho dinero para participar en ella, tanto los profesionales como los estudiantes.

10
FUTURO, ¿VIENES YA?

La robótica mira siempre al futuro. Muchos de los que trabajamos apasionadamente en ella, no paramos de soñar con todo lo que podremos construir de aquí a unos años. **¡CONTAMOS CONTIGO PARA HACER ROBOTS!, ¿VALE?**

En este capítulo hablaremos de lo que está por venir en los próximos meses y años, y te queremos pedir que no te tomes muy al pie de la letra lo que vas a leer, porque, aunque todo está ocurriendo muy rápidamente, también es cierto que muchas noticias que saltan en las redes sociales e incluso en los periódicos son mentiras, o lo que en nuestro mundillo llamamos *scams*. Es decir, proyectos que prometen grandes resultados, pero que a la larga no se hacen realidad.

En los siguientes apartados mencionaremos proyectos que han sido un éxito, otros que parecen *scams* y algunos que lo son. Así que mucho cuidado con el futuro de la robótica, porque está plagado de sorpresas y de listillos.

Tenemos que ser especialmente cuidadosos con los proyectos de *crowdfunding*, en los que gente como tú o como nosotros lanza sus proyectos para que la comunidad los apoye económicamente. El problema es que algunos de los proyectos que se plantean son realmente promesas inalcanzables y hay quien puede picar el anzuelo y exponer su dinero sin saber que el proyecto o no va a conseguir nunca lo que propone, lo va a conseguir mucho después de lo prometido o va a ofrecer una versión muy distinta a la inicial.

EL FUTURO, AL IGUAL QUE EL PASADO Y EL PRESENTE, VA A REQUERIR GRANDES DOSIS DE SENTIDO COMÚN.

Los trajes hápticos y *rigs* V. R. para tu casa

Un traje háptico es básicamente un conjunto de accesorios que te colocas en el cuerpo y que te permite controlar algún dispositivo y sentir lo que le ocurre a algún personaje de videojuego o robot. ¿No te haces una idea? Imagínate que estás jugando a un videojuego, pero no lo estás haciendo con el típico mando de PlayStation, sino que tienes puesto un traje háptico y que gracias a él cuando tú te mueves en el mundo real, tu personaje en el videojuego reproduce tus movimientos. ¡Así se las gastan los trajes hápticos!

Además, este trajecito puede contener pequeños motores y actuadores de diferentes tipos, que te proporcionen una reacción física cuando, por ejemplo, te dan un empujón en el videojuego o cuando el coche que conduces sufre un accidente. El traje háptico permite detectar lo que haces, pero también reacciona ante lo que te pasa en el mundo virtual del video-juego.

Ya se han desarrollado varios trajes hápticos comerciales, que por supuesto cuestan una barbaridad de dinero, aunque, como verás luego, tú también puedes confeccionarte tu propio traje háptico. Los primeros aparecieron ya hace décadas, pero los últimos modelos han mejorado mucho la calidad de la interacción. A continuación te mostramos algunos de ellos.

TGV 2011

En 2011 unos estudiantes de la Universidad de Penn, apoyados económicamente por su profesor, desarrollaron un prototipo de traje háptico con sensores y actuadores. Los sensores se usan, como en cualquier traje háptico, para detectar la posición del usuario, y los actuadores para «hacer sentir» al usuario. Por ejemplo, es muy habitual usar solenoides, unos pequeños «tacos de billar eléctricos», que golpean al usuario suavemente simulando impactos de bala o golpes, aunque obviamente no hacen ningún daño, son solo pequeños impactos de baja potencia.

KOR–FX

KOR–FX es uno de esos proyectos que sí salió adelante como producto comercial. En el momento de escribir este libro (diciembre de 2017) el traje costaba 100 dólares, un precio muy bajo, aunque realmente no hace gran cosa.

Una de las críticas que se subieron a Internet sobre el traje dice que es «como un *rumble pack* para el cuerpo». Algo que no tiene mucho mérito porque precisamente lo más sencillo de simular en un traje es la vibración típica de los mandos de la consola. Este efecto se consigue con unos motorcitos pequeños que tienen el eje de giro desviado del centro y que al girar hacen vibrar todo el traje.

El verdadero logro de los trajes hápticos en realidad será conseguir detectar todos los movimientos del cuerpo y al mismo tiempo simular todas las sensaciones posibles de un entorno virtual... Pero ¿es una vibración en el pecho equiparable a un golpe en coche? ¿Es una vibración en el pecho equiparable a recibir un disparo en la pierna? Obviamente no es lo mismo y resulta un poco frustrante gastarte un dinero en algo de esto para luego ver que la experiencia de usuario es realmente mala y que quizás hubiera sido mejor esperar a que la tecnología estuviera más perfeccionada.

Teslasuit

El Teslasuit es un traje que en teoría se iba a comercializar en el tercer cuatrimestre de 2017, pero no hay ni rastro de él, como pasa con tantos otros proyectos de emprendimiento. De hecho, muchos proyectos de KickStarter (la plataforma de financiamiento para proyectos creativos) han acabado siendo *flops* o *scams*, es decir, no han llegado a lanzar versiones comerciales de sus productos por la sencilla razón de que prometían más de lo que era posible conseguir.

Todo esto que contamos aquí también se puede aplicar al control de robots reales. Por ejemplo, te pones tu traje háptico y controlas remotamente un robot que podría estar incluso en una ubicación física diferente de la tuya. ¡Vaya!, acabamos de explicarte qué es un «avatar físico».

Avatares físicos

Un avatar físico es un robot que diriges por control remoto mediante algún tipo de control manual o traje háptico. En Internet quizás hayas visto juegos como *Habbo Hotel* o *Los Sims*, en los que un personaje virtual puede representarte de manera más o menos fiel.

Los avatares físicos todavía están limitados en gran parte por el tema de los trajes hápticos; es difícil controlar un robot humanoide con un mando de videojuegos, de modo que hasta que no se consiga crear un traje háptico realmente fiable no será fácil controlar un robot que se mueva por el mundo real.

Los avatares físicos son conocidos por la película *Avatar*, en la que se presenta a unos personajes biológicos que son controlados mediante un *rig*. En el mundo real estamos a tropecientos años de que esto ocurra.

En la película *Avatar*, de hecho, los guionistas toman una solución cómoda para representar el control remoto. En vez de diseñar una plataforma real donde el operador del avatar tenga que moverse directamente, decidieron que en el universo de su película existiera una tecnología para controlar un avatar directamente desde el cerebro, tumbado en una cama.

En la realidad, los avatares físicos suelen ser robots con ruedas y brazos, y el control remoto, una consola muy parecida a las de las máquinas recreativas o al mando de los videojuegos. Este tipo de accesorios se usan, por ejemplo, para la desactivación de explosivos. Hace poco llamaron la atención de todo el mundo por el terrible accidente en la central nuclear de Fukushima. Uno de los robots que se usaron para entrar en la zona del reactor fundido de Fukushima sufrió tanta radiación que su cámara de vídeo se empezó a fundir y los operadores remotos tuvieron que sacarlo hasta la zona de cuarentena a toda prisa.

Es curioso que muchas veces, cuando las empresas más importantes están prototipando robots para entornos críticos, como desastres nucleares, competiciones del DARPA de primer nivel, accidentes químicos o catástrofes naturales, siempre puedes identificar entre los accesorios utilizados elementos típicos: mandos de videojuegos, ordenadores portátiles, gafas de VR comerciales. Esto se debe a que la industria tradicional tiene unos recursos casi ilimitados para facilitar el desarrollo de la robótica; lo único que falta es gente cualificada con tiempo libre y presupuesto para aplicar esos recursos tradicionales a la creación de robots alucinantes.

Los auténticos eSports

A algunos de los que nos dedicamos a la robótica y la informática nos chirrió cuando se empezó a llamar a los jugadores de videojuegos deportistas y al fenómeno se le llamó «eSports», porque eSports no dice nada de videojuegos y sí dice mucho sobre «deportes electrónicos»; pero realmente por rápidos que sean tus reflejos con las manos o lo inteligente que seas, no termina de encajar algo y eso precisamente es la total falta de actividad física general que hay en los actuales eSports.

Es un poco triste ver a un equipo de eSports con unas características físicas que no quisieras para ti y aunque esto sea una opinión poco popular vivimos en una época de obesidad creciente y cualquier cosa que no incentive el ejercicio físico lo desincentiva, haciéndonos más vagos y sedentarios.

Por eso la aparición de las cintas de andar omnidireccionales o los *rigs* de V. R. podrían mejorar el panorama de los eSports dándoles por fin ese factor «sports» del que actualmente carecen. Está bien ver a un jugador de *League of Legends* jugar de forma muy precisa, pero ¿cómo de precisos serían sus tiros después de haber corrido dos kilómetros?, el deporte tiene que ser una actividad completa, no solamente mérito de reflejos de los dedos o al menos eso dice la definición de «deporte».

Actividad o ejercicio físico, sujeto a determinadas normas, en que se hace una prueba, con o sin competición, de habilidad, destreza o fuerza física.

¿Podría la definición de «deporte» dejar de ser actividad física para ser estar sentado en una silla haciendo clics rápidamente? Entonces, ¿alguien trabajando en su oficina está haciendo deporte? Algo no cuadra en ese razonamiento.

Cuando el traje háptico está asociado a una plataforma estática para simular un entorno de realidad virtual se le suele llamar *rig*, que significa algo así como «atuendo». Las plataformas de realidad virtual, o V. R., están muy de moda y puedes verlas en algunos centros comerciales y tiendas a pie de calle. Te recomendamos que antes de pensar que son superchulas las pruebes un par de veces, porque la verdad es que la mayoría de las plataformas de V. R. actuales dejan mucho que desear por motivos técnicos.

Una plataforma de V. R.

La plataforma de V. R. en teoría ideal debería simular el movimiento real de un ser humano real al correr. Si te fijas en la imagen de la página siguiente el usuario siempre camina resbalando sobre la misma base y esto hace la experiencia bastante poco agradable, sobre todo los primeros intentos hasta que te acostumbras al cambio con respecto al movimiento real, y en opinión de muchos, aunque uses estas plataformas habitualmente nunca terminan de resultar del todo naturales.

Cintas de andar omnidireccionales

La plataforma de V. R. actualmente más cercana a la realidad se conoce como *omnidirectional treadmill*, o «cinta de caminar omnidireccional», y permite caminar en múltiples direcciones. Que quede claro que las *treadmills* omnidireccionales actuales no son muy fiables, y la mayoría que hemos visto no mantienen en el centro de forma constante al usuario, sobre todo cuando cambia el ritmo de las zancadas.

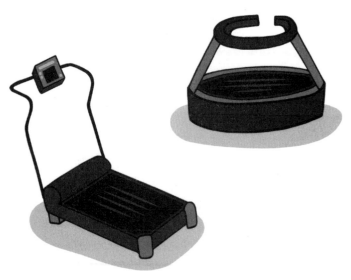

Una cinta de andar tradicional a la izquierda, un prototipo de cinta omnidireccional a la derecha

A modo de ejemplo, la cinta omnidireccional de Infinadeck se anuncia en YouTube como la «NUEVA Infinadeck». Los comentarios de este vídeo van desde «¿me parece solo a mí o esa es una forma poco natural de andar?» a «mientras haga caminar a la gente como si estuvieran mareados no estará en mi casa».

Exoesqueletos

Los exoesqueletos son parecidos a los trajes hápticos, también tienen una gran cantidad de sensores, pero en vez de ser simplemente trajes de tela cuentan con articulaciones rígidas encargadas de «acompañar» el movimiento del ser humano. Los hemos visto en películas como *Alien* (la original), *Elysium* o *Al filo del mañana*.

En todas estas películas se usan los exoesqueletos para cosas bien distintas de su utilización en la vida real. Por ejemplo, se usan exoesqueletos en prototipos para personas con algún problema físico, como parálisis en las piernas. Sin embargo, estos exoesqueletos no suelen ser ni muy rápidos ni muy fiables. Algo que, sinceramente, es una pena. La tecnología ya ha hecho posible que una persona que no pueda caminar y deba moverse en silla de ruedas sea capaz de levantarse. El dinero y la falta de solidaridad son de nuevo los culpables de que este «milagro» no ocurra: ninguna empresa lo lanza porque el número de unidades que vendería serían muy pocas y no le permitiría recuperar la inversión.

Por ejemplo, el movimiento e-Nable (una comunidad de voluntarios que desarrollan prótesis para personas con amputaciones de miembros y problemas en brazos o manos) sería ideal para llevar adelante un proyecto de exoesqueleto, pero el uso de materiales metálicos y plásticos de gran resistencia siempre es un limitante: imprimir en 3D con resinas es más viable que hacer colada de aluminio, por ejemplo.

Existen proyectos que están intentando comercializar polvo aditivo metalizado para poder fabricar en casa tus propias piezas de metal. Es muy probable que esto sea posible en unos años, aunque de momento no es algo que se pueda hacer fácilmente, e incluso cuando se pueda todavía llevará muchísimas horas de trabajo conseguir diseñar y probar prototipos mínimamente funcionales.

En general, los exoesqueletos que puedes ver en la

vida real apenas sirven para ayudar a la carga de mercancía y tienen una capacidad de carga y un tiempo de uso antes de recargar (autonomía) bastante limitado.

Escribiendo este libro (queremos creer que también leyéndolo) nos lo hemos pasado muy bien, hemos aprendido muchas cosas y tenemos en la cabeza algunas preguntas. Las más importantes son: ¿acabarán haciendo los robots todo el trabajo? ¿Los humanos nos pasaremos todo el día tumbados a la bartola y disfrutando de nuestro tiempo libre?

Es difícil saber exactamente hasta dónde llegarán los robots en lo que se refiere a trabajos robotizados, pero estamos seguros de que ya son y serán «bichos» con los que tendremos que convivir en el cole, en casa, en las fábricas, y en cualquier lugar al que dirijamos nuestra mirada.

Cruzamos los dedos porque así sea. También para que tú puedas diseñar maravillosos robots que ayuden a las personas, y que con ellos, y entre todos, podamos construir un mundo mejor.

GLOSARIO

Actuadores: Dispositivos que permiten al robot actuar sobre el entorno o sobre sí mismo.

Aim-bot / cheat: Programa informático que automatiza algunas de las tareas que debería hacer un jugador humano para mejorar sus resultados.

Arduino: Familia de placas equipadas con microprocesadores que simplifican el desarrollo de proyectos de robótica.

Arduino nano: Placa Arduino muy utilizada por su bajo coste y también por su reducido tamaño.

CGI (Computer Generated Imagery): Técnicas de diseño por ordenador orientadas a simular escenarios reales o efectos visuales, habitualmente utilizadas en películas.

Chat-bot: Programa informático que mantiene conversaciones con seres humanos con mayor o menor éxito.

DARPA: Organismo estadounidense que lanza proyectos de Investigación y Desarrollo aplicado abiertos al público con objetivos concretos que se pueden medir claramente.

Junta tórica: Es una pieza habitualmente hecha de goma con forma de círculo que impide la filtración de agua en tuberías y que viene bien para hacer que las ruedas de un robot tengan mejor tracción.

Led: Dispositivo eléctrico que emite luz cuando se hace pasar una corriente por él.

Led RGB: Es un led que gracias a varias patillas es capaz de mostrar diferentes colores.

Mblock: Lenguaje de programación visual que permite unir el potencial robótico de Arduino con la facilidad de uso de Scratch.

Microprocesador: Cerebro del robot, donde se ejecutan las instrucciones del programa informático.

Placa de control: Es la placa donde se encuentra la electrónica, es decir, principalmente el microprocesador.

Programa informático: Líneas de código que al ejecutarse juntas realizan un comportamiento global.

Robot: En general, un autómata que realiza funciones de forma autónoma.

Robot hardware: Una máquina física que realiza funciones de forma autónoma o que simula cierta inteligencia.

Robot humanoide: Robot que tiene una apariencia de ser humano, con piernas, brazos, torso y cabeza.

Robot virtual: Un programa de software que realiza funciones de forma autónoma o que simula cierta inteligencia.

Scratch: Entorno de programación visual para introducir a los chavales (y no tan chavales) en la programación.

Sensores: Dispositivos que permiten capturar lo que ocurre en el entorno del robot.

Sensor infrarrojo: Sensor que emplea luz infrarroja (luz no visible para el ojo humano) para detectar obstáculos o elementos cercanos al robot como líneas negras o paredes.

Transistor: Componente electrónico súper–híper–mega pequeño que cuando lo combinas con otros miles o millones de transistores te permite construir un ordenador.

DISEÑA TU PROPIO ROBOT

i. **¿Para qué sirve?** Piensa en una situación en la que sería genial tener un robot que te ayudara y haz una lista de las propiedades que debería tener.

....

....

....

....

....

....

....

....

....

....

....

....

....

....

....

....

ii. ¿Qué prestaciones tiene? Decide qué necesita tener este robot (muchos ojos, muchos brazos...).

....

....

....

....

....

....

....

....

....

....

....

....

....

....

....

....

....

iii. ¿Cómo se carga de energía?

....

....

....

....

....

....

....

....

....

....

....

....

....

....

....

....

....

....

iv. ¡Dibújalo aquí!

v. Los robots no tienen emociones, por lo que no les importa estar solos. Sin embargo, este robot a lo mejor disfrutaría si tuviera un amigo con quien compartir sus tareas. Piensa en qué otras tareas podría desarrollar ese amigo robot.

....

....

....

....

....

....

....

....

....

....

....

....

....

....

vi. ¿Qué prestaciones tendría?

....

....

....

....

....

....

....

....

....

....

....

....

....

....

....

....

....

vii. ¿Cómo se carga de energía?

....

....

....

....

....

....

....

....

....

....

....

....

....

....

....

....

....

....

....

viii. ¡Dibújalo aquí!

NOTAS